1952~2012

谨以此丛书献给所有

为交通出版事业做出贡献的人们

人民交通出版社成立60周年纪念丛书之一

1952~2012

我们共同走过

纪念文集

人民交通出版社
China Communications Press

图书在版编目(CIP)数据

我们共同走过·纪念文集 / 人民交通出版社编著
.—北京 :人民交通出版社, 2012.12
ISBN 978-7-114-10209-7

Ⅰ. ①我… Ⅱ. ①人… Ⅲ. ①出版社－北京市－纪念文集 Ⅳ. ①G239.22-53

中国版本图书馆 CIP 数据核字(2012)第 274260 号

书　　名:我们共同走过·纪念文集
著 作 者:人民交通出版社
责任编辑:尤晓時
出版发行:人民交通出版社
地　　址:(100011)北京市朝阳区安定门外外馆斜街 3 号
网　　址:http://www.ccpress.com.cn
销售电话:(010)59757969, 59757973
总 经 销:人民交通出版社发行部
经　　销:各地新华书店
印　　刷:北京市凯鑫彩色印刷有限公司
开　　本:880×1230　1 / 16
印　　张:13
字　　数:411 千
版　　次:2012 年 12 月　第 1 版
印　　次:2012 年 12 月　第 1 次印刷
书　　号:ISBN 978-7-114-10209-7
定　　价:60.00 元

《我们共同走过》纪念文集

记忆·珍藏

六十年的跫音与吟唱，一甲子的光荣与梦想……

记忆是一盏灯，点亮了，就能循着光，找到自己的足迹。

记忆是一扇门，推开了，就能放眼远眺，找到来时的路。

记忆是一本书，翻开了，就能体会那份艰辛与幸福。

人民交通出版社成立于1952年12月，从出版第一本书《一列式拖驳运输法》开始，到2012年12月已走过六十年的光辉历程。六十年，对历经沧桑巨变的人民交通出版社，是六十年创业史，六十年奋斗史，六十年创新史！一代又一代交通出版人以“立足交通、服务交通、奉献交通”为使命，弘扬“助千万交通人成长，伴数亿出行者愉悦”的精神，走出了一条独具特色的自我发展之路，用智慧与心血、胆识与魄力，在共和国交通运输事业波澜壮阔的改革发展历程中，留下了深深的痕迹，打造出了令人瞩目的出版成就和品牌。

回首往昔，从上世纪五十年代译介外版著作、编辑出版杂志，到六十年代后期的业务基本停止和七十年代初的逐步复苏，再到八十年代后的探索奋进，特别是进入二十一世纪以来的快速成长，如今，人民交通出版社已初步形成市场导向的体制机制和经营模式，发展成为国内交通专业图书出版的市场领先者、全国最大的交通教育教材的出版基地和全国最大的交通地图提供商。目前，年出版图书超过2000种（其中新书700余种）、总资产超过5亿元，年出版码洋、销售码洋超过4亿元，营业收入近2.5亿元，全社在职职工460余人。

六十年，人民交通出版社历经了“实干、创新、跨越”的发展轨迹。如今，对于已经完成转企的交通出版社来说，将自身的发展与国家宏观政策紧密结合起来，将自身的发展紧紧依托和服务于交通运输事业的发展，牢牢把握文化产业大发展大繁荣的战略机遇期，进一步深化改革，开拓创新，释放机制体制创新的能量，走专业化之路，通过调整结构、创新管理，向规模更大、效率更高的方向转型。交通运输事业大有可为，出版业大有可为，交通出版业更有可为。

人民交通出版社将认真贯彻落实党的“十八大”精神，继续秉承“立足交通、服务交通、奉献交通”的宗旨，坚持“助千万交通人成长，伴数亿出行者愉悦”的共同愿景，践行“求实、创新、追求卓越”的企业精神和“科学、民主、规范、精细”的管理方针，深入贯彻落实科学发展观，力争早日把人民交通出版社建设成为“国内一流、国际知名、跨媒介”的交通传媒集团。继续努力向广大读者提供内容更新颖、特色更鲜明、品质更卓越的出版物，传承人民交通出版社品牌，使员工与企业共成长，致力于把人民交通出版社建设成为中国文化产业的百年老店，努力提高读者、作者和合作伙伴的满意度，为我国交通运输现代化事业和社会全面进步做出新的更大的贡献！新一届社领导班子将带领全社员工在新的起点上，审时度势，科学谋划，锐意进取，乘风破浪，再创辉煌。

这本纪念文集，是人民交通出版社六十年历程的一个总结，是人民交通出版社全体员工共同努力的成果，更是交通出版人艰苦奋斗的一个缩影。相信再过四十年，当人民交通出版社迎来她百年社庆的时候，将会有更加灿烂辉煌的成果出现在人们的眼前！

谨以此为序。

目　录

1952~2012

人民交通出版社成立60周年

贺信

▲ 2012年10月12日，交通运输部部长杨传堂（前排左六）到人民交通出版社调研，并与中层以上干部合影

中华人民共和国新闻出版总署

贺　信

人民交通出版社：

值此你社成立60周年之际，谨向你社表示热烈的祝贺！

人民交通出版社成立60年来，认真贯彻执行党的出版方针政策，坚持正确的出版导向，以出版精品图书为理念，与时俱进，勇于探索，以特色求发展，向精品要效益，不断强化经营管理，优化图书结构，出版了一大批高质量、有特色的优秀出版物，为传播文化知识、丰富人民群众文化生活发挥了重要作用，为我国交通出版事业的发展作出了重要贡献。

近年来，人民交通出版社积极发挥自身优势，务力服务人民交通，拓宽业务范围，以改革促发展，创新能力、生产能力和竞争能力都有较大提高，形成以公路图书、汽车图书、水运图书、交通地图及专业教材为主，其他相关专业书籍为辅的多元出版格局，所出版的图书多次获得国家级奖励，受到社会各界的关注和读者的好评。同时也培养了一支政治素质好、业务水平高、富有敬业精神的编辑和出版队伍，为出版社的进一步发展奠定了坚实基础。

希望你社以60周年社庆为契机，进一步解放思想，继续深化改革，坚持科学发展，创新体制机制，转变发展方式，多出好书、多出精品，争创新业绩，再创新辉煌，为促进社会主义文化大发展大繁荣做出新的贡献。

新闻出版总署

2012年11月9日

1952~2012

中华人民共和国财政部

贺信

人民交通出版社：

值此人民交通出版社建社六十周年之际，谨向全社干部职工致以热烈的祝贺。半个多世纪以来，交通出版社认真贯彻落实党的各项方针政策，紧紧抓住社会主义核心价值体系建设这个根本，不断推动业务转型和产品升级，走上了创新驱动、内生增长的可持续发展之路。

人民交通出版社的六十年是艰苦奋斗、积极进取的六十年，是坚持正确导向、弘扬科学精神的六十年。经过几代“交通出版人”的不懈努力，人民交通出版社创造了优质的品牌，积累了丰富的资源，取得了良好的社会效益和经济效益，成为全国出版行业的一支重要力量。

党的十七届六中全会提出了推动文化产业成为国民经济支柱性产业的战略目标，明确了加强国有文化资产管理的总体要求。国有文化资产是国有资产的重要组成部分，是社会主义文化大发展大繁荣的重要物质基础。作为国有文化资产监管部门，中央文资办将一如既往地支持人民交通出版社改革发展，切实履行中央文化企业出资人职责，为国有文化资产保值增值提供坚强保障。希望人民交通出版社能够以建社六十周年为新起点，深入学习和贯彻党的十八大精神，加快体制创新，推进资源整合，迅速做大做强，肩负起文化央企的时代重任，为建设社会主义文化强国做出应有的贡献。

中央文化企业国有资产监督管理领导小组办公室

中国版协科技出版工作委员会

贺　信

人民交通出版社：

值此贵社成立60周年之际，中国版协科技出版工作委员会谨向你们表示热烈的祝贺！

60年来，贵社作为以交通为特色的科技图书出版机构，始终坚持以读者为本，形成以公路图书、汽车图书、水运图书、交通地图及交通专业教材为主，其他相关专业书籍为辅的多元出版格局；建立起一支包括院士和交通运输行业知名学者、专家、教授在内的高素质作者队伍；构筑成一个由交通书店、教材书店、新华书店和网上书店有机结合、覆盖全国范围的立体化销售网络。如今，贵社已发展成为国内交通专业图书出版的市场领先者，全国最大的交通教育教材的出版基地，全国最大的交通地图提供商和土木工程、铁路与轨道交通、物流领域图书的重要提供者。60年来，累计出版各类图书、教材、规范2万余种，累计发行量近3亿册；公路图书、水运图书、交通地图市场份额长期排名第一，汽车图书稳居第二；一批图书荣获新闻出版总署、教育部、交通运输部优秀图书奖。贵社对中国出版所作的突出贡献，我们表示崇高的敬意！

展望未来，我们衷心地希望你们抓住公司成立60周年的历史机遇，深入贯彻学习党的十八大精神，坚定不移地围绕“做强、做大、做优、做久”发展目标，创新发展模式，提高发展质量，构建和谐团队，建设专业特色鲜明、社会影响力较大的一流图书出版社。

中国版协科技出版工作委员会

2012年12月8日

1952~2012

人民交通出版社成立60周年

题词·贺词

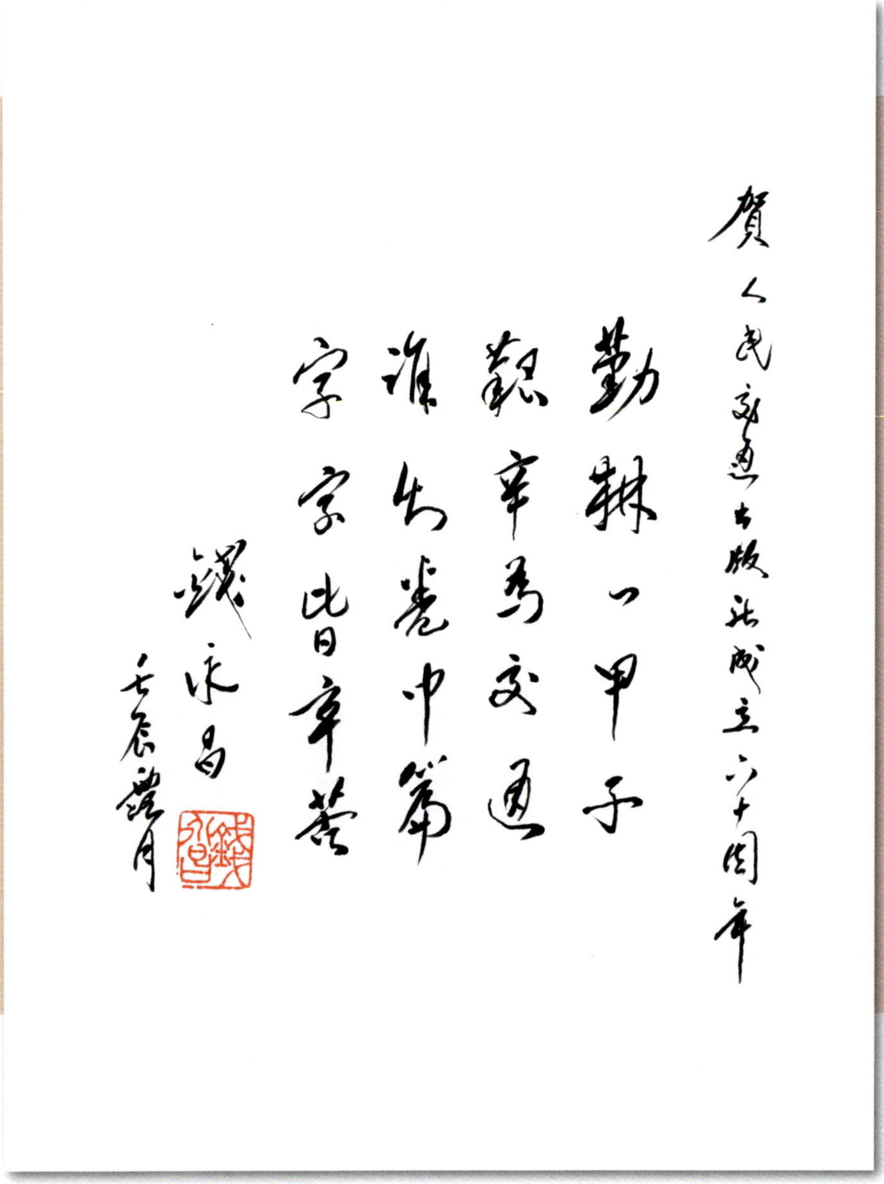

▲ 交通部原部长钱永昌题词

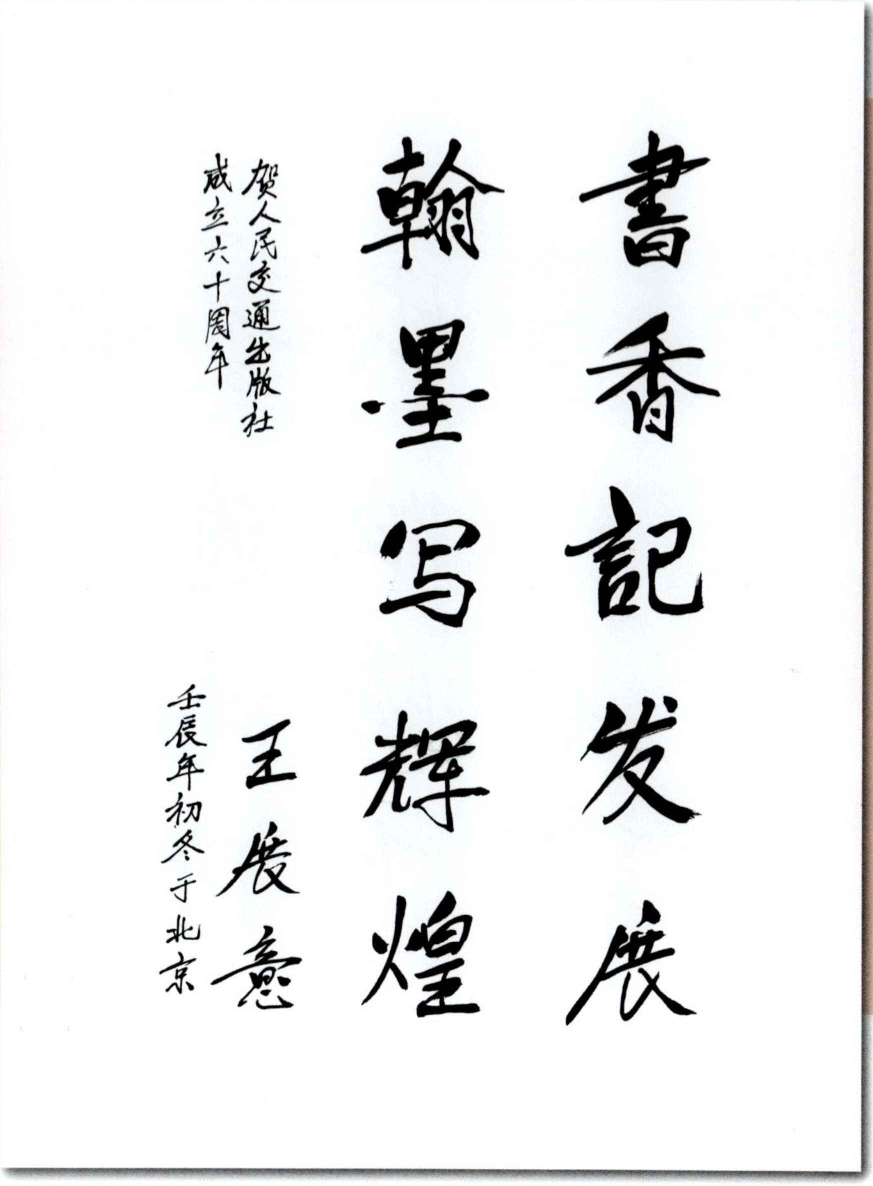
書香記发展
翰墨写辉煌
贺人民交通出版社
成立六十周年
王展意
壬辰年初冬于北京

▲ 交通部原副部长王展意题词

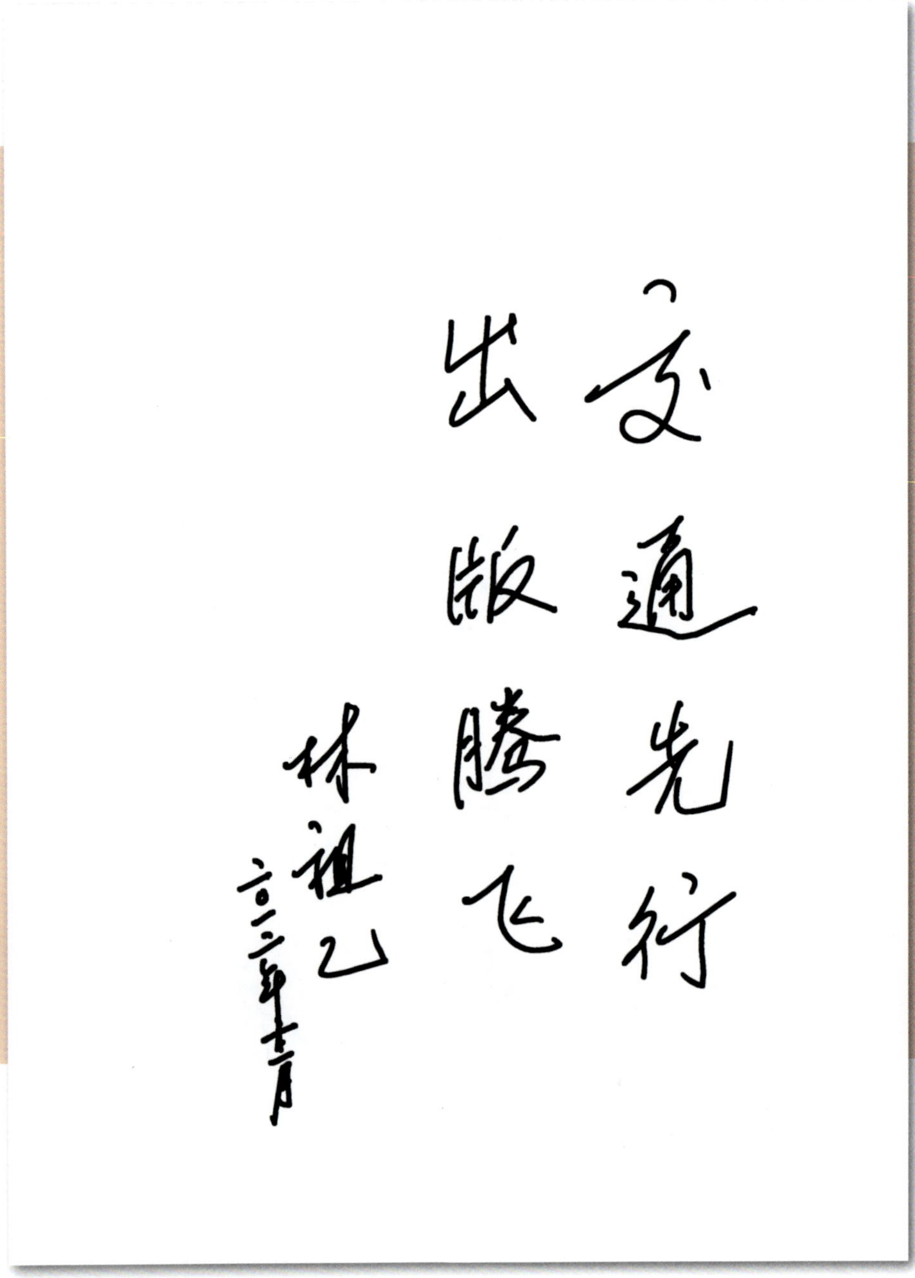

▲ 交通部原副部长林祖乙题词

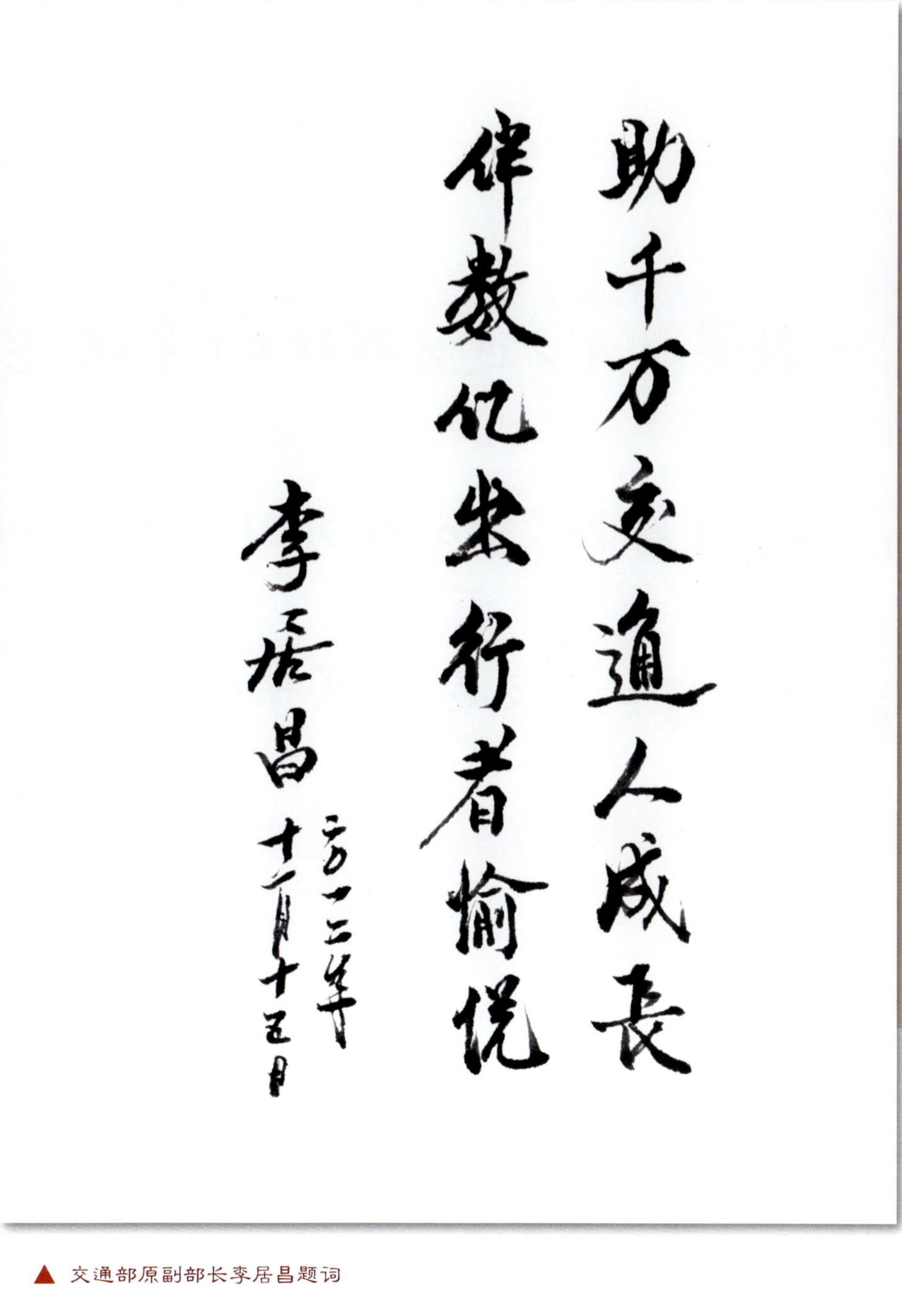

▲ 交通部原副部长李居昌题词

祝贺人民交通出版社六十年诞辰，愿人民交通出版社，努力成为国内一流，国际知名，跨媒体的交通传媒集团。

胡希捷

2012.12.8

▲ 交通部原副部长胡希捷题词

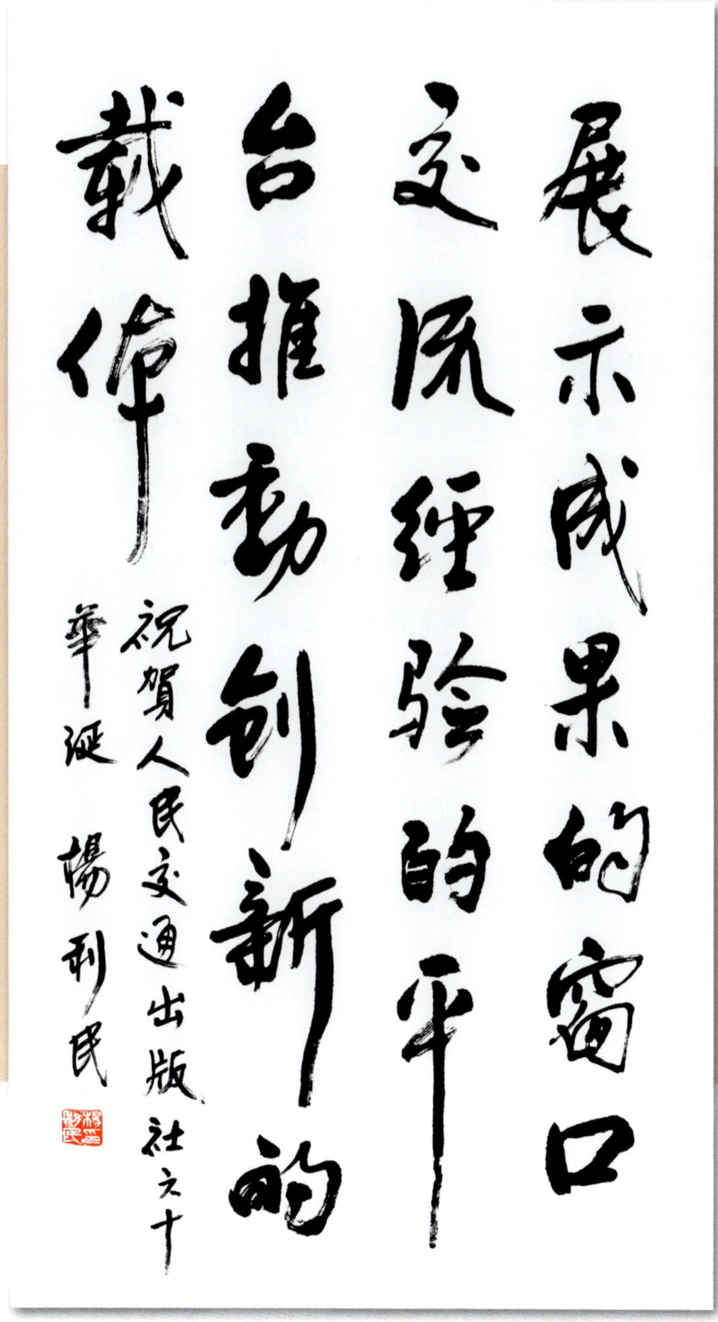

▲ 中纪委驻交通运输部原纪检组组长杨利民题词

我从业至今工作没有离开过汽车，人民交通出版社出版的《汽车工程手册》作为第一部自主编辑的汽车工程手册，对于促进我国汽车产业的自主研发、提高行业的整体技术水平发挥了重要作用。我作为《汽车工程手册》编审委员会主任见证了手册从酝酿、编写到出版的全过程，深为出版社和编辑的敬业精神所感动。

今年是人民交通出版社建社六十周年，我以读者、作者、合作者三合一的身份祝愿人民交通出版社越办越好，一如既往地为读者提供高质量的交通科技图书。

张小虞

2012.10.18

▲ 中国机械工业联合会副会长、中国汽车工程学会理事会理事长张小虞贺词

贺人民交通出版社建社六十周年

天堑沟壑架金桥　崇山僻壤铺通途
继往开来谱新篇　再铸辉煌誉全球

钱七虎
二〇一二·九·廿

▲ 中国工程院院士钱七虎贺词

祝贺人民交通出版社成立六十周年，并荣膺“全国百佳出版社”称号。希望今后再接再厉，出版更多具有实用价值的科研和实践著作，出版更多具有中国交通运输行业特色、经验的原创性著作。

愿贵社继续发扬光大，攀登新的高峰！

沙庆林 2012年9月20日

▲ 中国工程院院士沙庆林贺词

衷心祝愿

人民交通出版社不断前进、繁荣昌盛，为中国的交通事业和培养创新人才发挥重要的作用。

同济大学

项海帆

2012年10月3日

▲ 中国工程院院士项海帆教授贺词

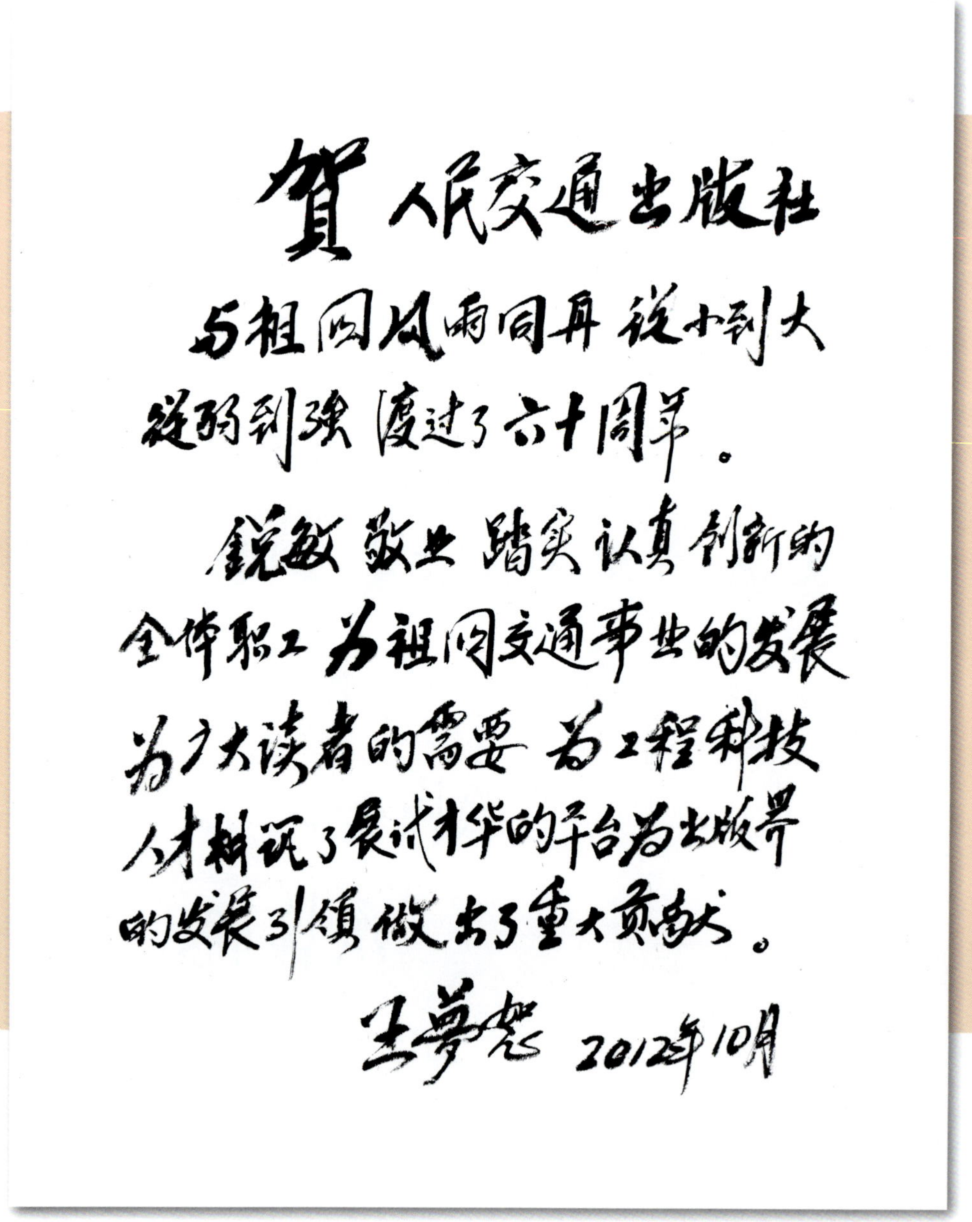

贺人民交通出版社

与祖国同风雨同舟 从小到大 从弱到强 度过了六十周年。

锐敏 敬业 踏实 认真 创新的全体职工 为祖国交通事业的发展 为广大读者的需要 为工程科技人才树立了展示才华的平台 为出版界的发展引领 做出了重大贡献。

王梦恕 2012年10月

▲ 中国工程院院士王梦恕教授贺词

贺人民交通出版社建社六十周年

甲子结硕果
百年谱华章

二〇一二年九月十八日

▲ 中国工程院院士汪旭光贺词

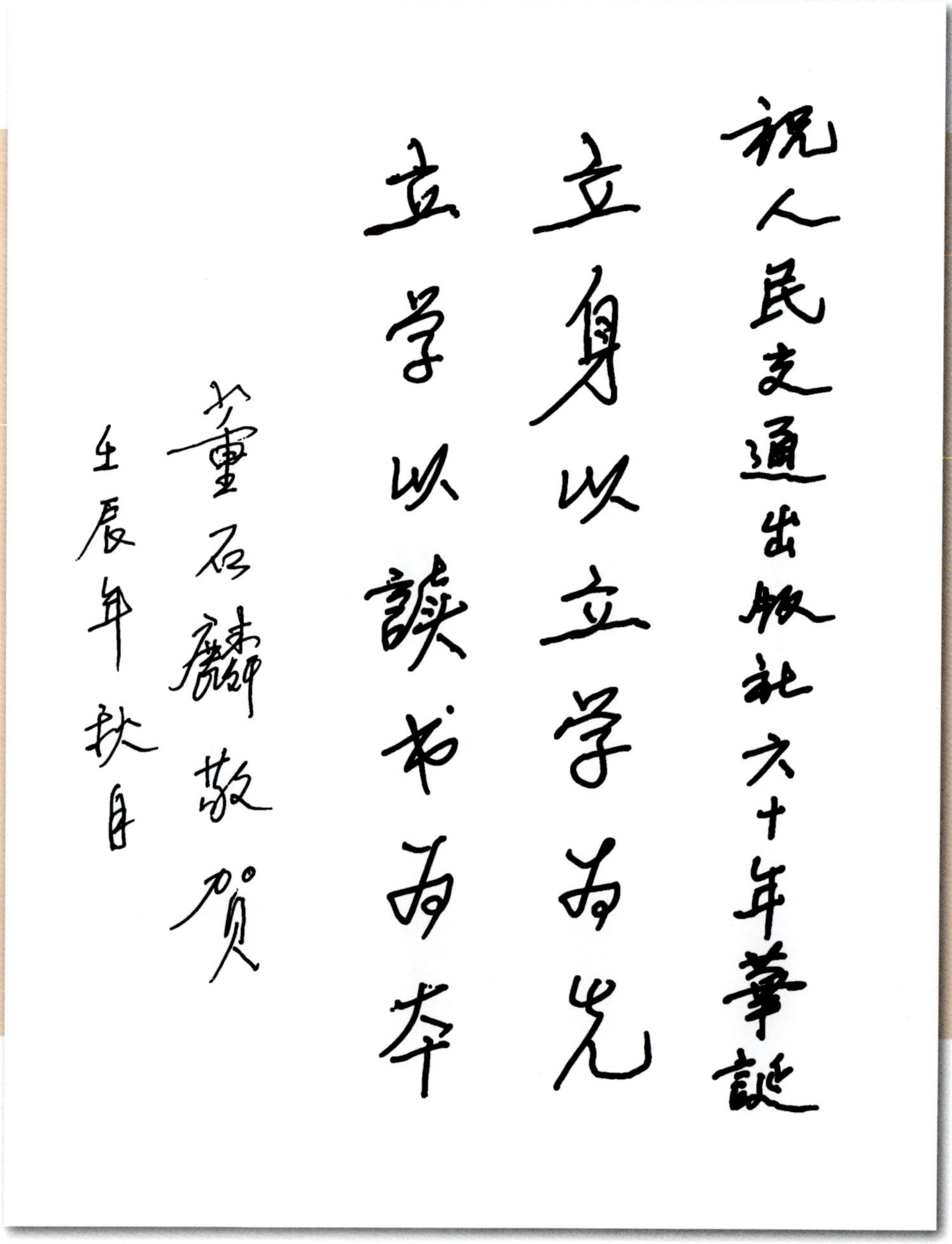
祝人民交通出版社六十年華誕

立身以立学为先

立学以讀书为本

董石麟敬贺

壬辰年秋月

▲ 中国工程院院士、浙江大学建筑工程学院院长董石麟教授贺词

庆祝人民交通出版社建社六十周年

六十年精彩引领

祝百年更铸辉煌

郑颖人

二零一二年九月三日

▲ 中国工程院院士郑颖人贺词

促进交通
技术进步

林元培
二〇一二年十一月

▲ 中国工程院院士林元培贺词

科技发展之本，要以"循环经济"三原则（减量化、再利用、资源化）为指导思想，加快我国经济增长方式的转变。为实现"建设资源节约型社会"的构建，走向强国富民的道路。

马克俭

2012年11月30日

▲ 中国工程院院士马克俭教授贺词

立足交通行业
拓展传媒领域
进军国际市场

凤懋润

▲ 时任交通运输部总工程师凤懋润题词

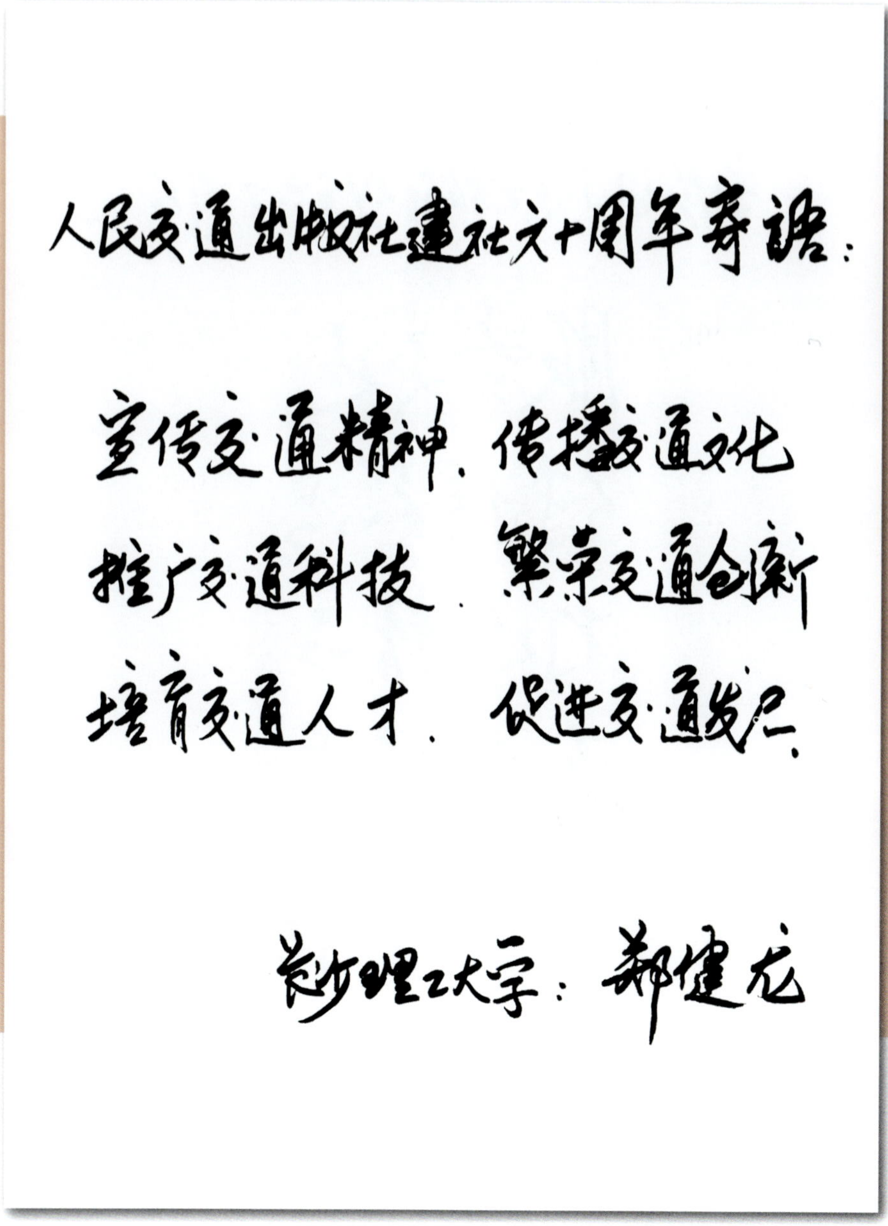

人民交通出版社建社六十周年寄语：

宣传交通精神、传播交通文化

推广交通科技、繁荣交通创新

培育交通人才、促进交通发展

长沙理工大学：郑健龙

▲ 长沙理工大学校长郑健龙教授贺词

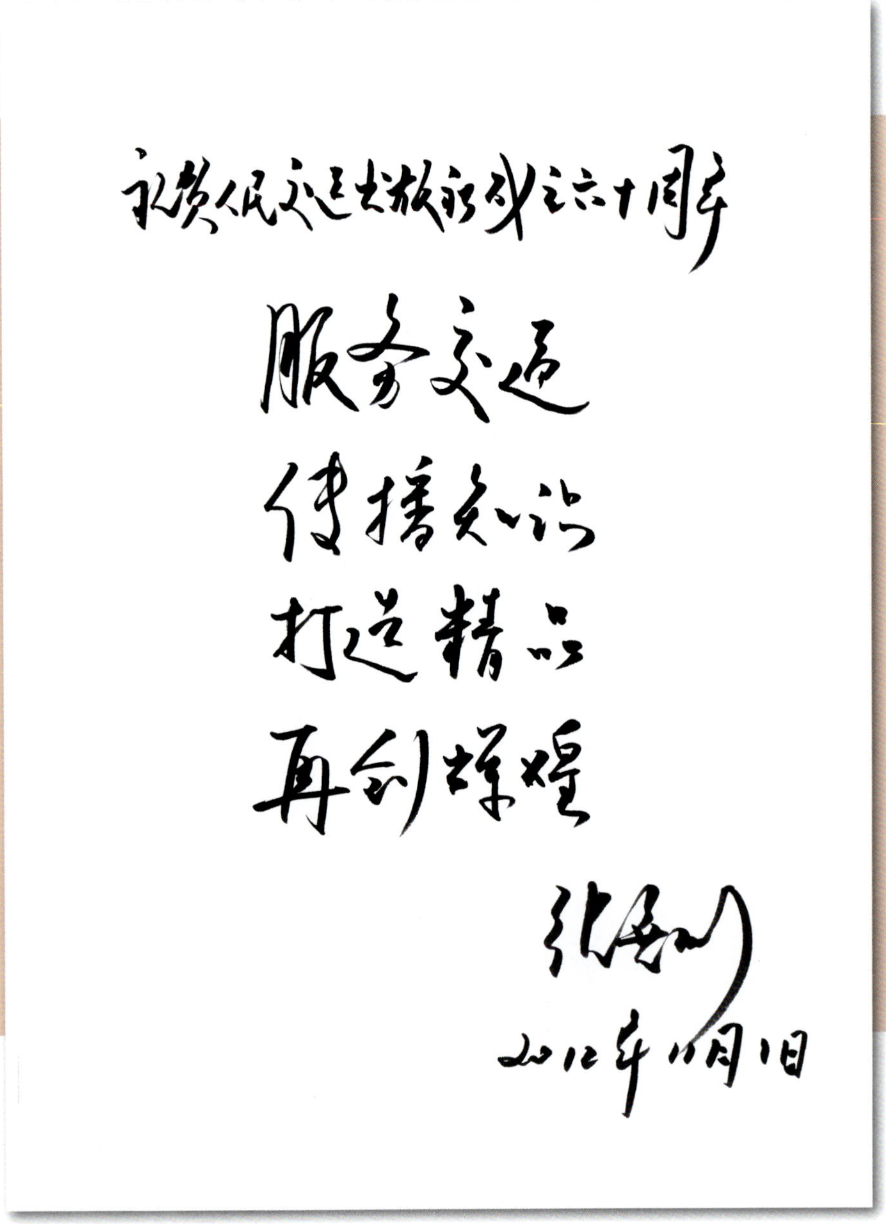

祝贺人民交通出版社成立六十周年

服务交通

传播知识

打造精品

再创辉煌

张喜刚

2012年11月1日

▲ 中交公路规划设计院有限公司董事长、总经理张喜刚贺词

人民交通出版社社庆寄语

人的一生对自然和社会的认知一般是从“读万卷书”开始，但在“行万里路”和“阅人无数”之后，又往往想把自己的领悟撰写下来，以示后来者。书籍是社会文明的载体，出版社则是社会文明的弘扬者。人民交通出版社伴随着我国公路交通事业的发展而壮大，为几代交通人才的培养和成长提供了知识的营养和精神的食粮。祝愿人民交通出版社在新形势下改革之路越走越宽广，事业越来越辉煌。

沙爱民

▲ 长安大学副校长沙爱民教授贺词

人民在心中 服务读者作者社会

六十年打造一流智慧产业；

交通为主线 涵盖公路桥梁运输

两万图书彰显中国飞速发展

大桥局 刘自明

10.30/2012

▲ 中铁大桥局董事长、党委书记刘自明贺词

热烈祝贺人民交通出版社建立六十周年！

感谢六十年来出版社为促进科技交流、繁荣学术研讨和提高教育质量，推动我国交通运输事业取得迅猛发展所做出的巨大贡献！

特别感谢出版社半个多世纪以来给我提供的鼓励、支持和帮助！

祝愿出版社在下一个六十年取得更大的成就，为读者提供更多的优质图书！

姚祖康

2012年11月1日

▲ 同济大学姚祖康教授贺词

人民交通出版社六十年创造的业绩，名垂青史。

祝愿人民交通出版社兴旺发达，再创辉煌。

任福田

2012年 中秋

▲ 北京工业大学任福田教授贺词

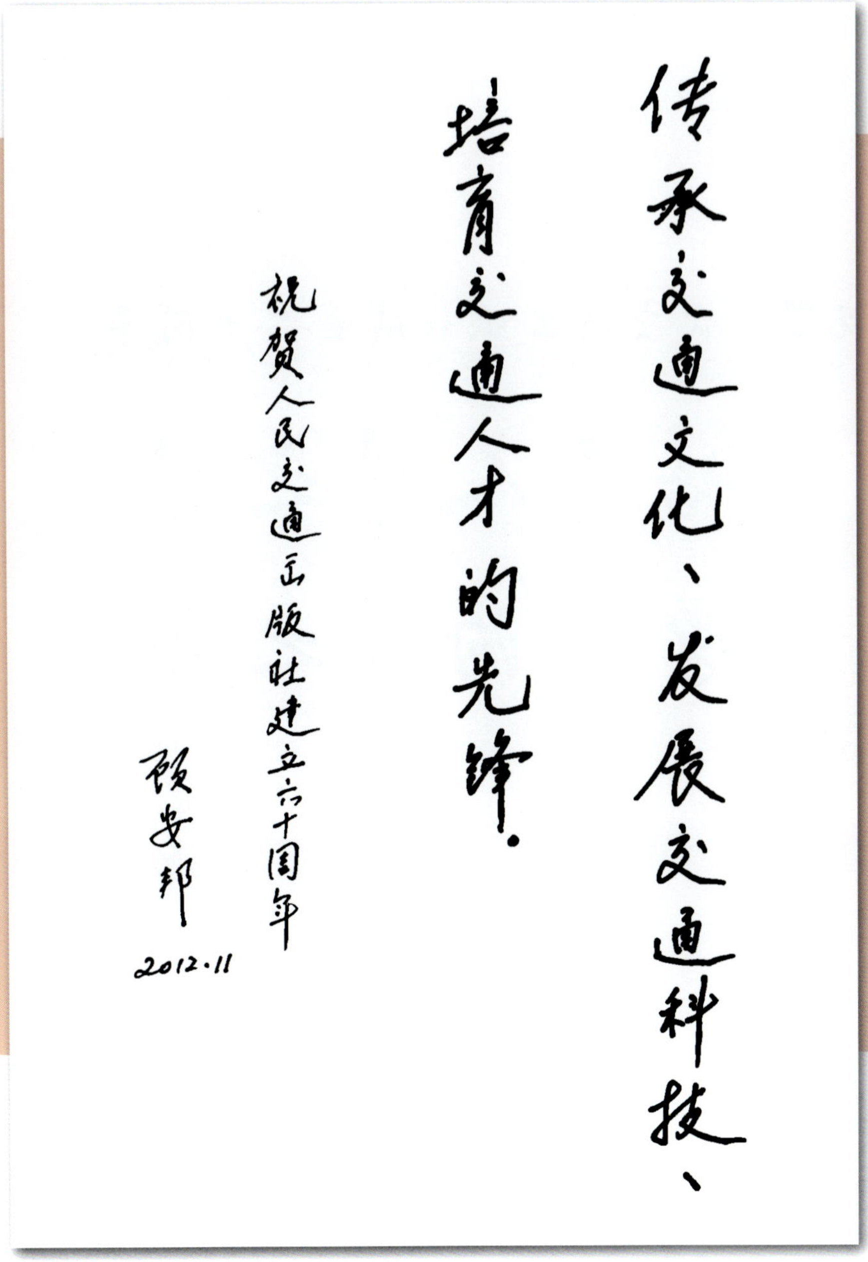
传承交通文化、发展交通科技、培育交通人才的先锋。

祝贺人民交通出版社建立六十周年

顾安邦

2012.11

▲ 重庆交通大学顾安邦教授贺词

祝贺人民交通出版社成立六十周年

培育人才之路
学术沟通之桥

张树仁
2012年11月26日

▲ 哈尔滨工业大学张树仁教授贺词

继往开来永攀高峰将出版社建成为我国交通领域建设成就的全景展厅科技创新的交流平台人才培养的知识源泉

东南大学邓学钧
二零一二年
十二月八日

▲ 东南大学邓学钧教授贺词

祝贺人民交通出版社建社六十周年。

出版社建立之日，也是新中国汽车工业诞生之时。

多年来人民交通出版社都是我国汽车图书的主要出版单位之一，对传播汽车知识作出的贡献为汽车行业的广大科技工作者，尤其是老一代专家所称道。2001年出版的由中国专家、教授自己编写的五卷本大型工程技术工具书《汽车工程手册》成为中国汽车学术界努力走自主之路的重要标志。在出版译作之风很盛行的时期，展示了人民交通出版社的卓识和勇气。

从1952年进入清华大学汽车系起，六十年来，我一直是人民交通出版物的读者、受益者，也曾做过合作者。出版社好几代编辑如金如霆、李家本、云国维等人对出版汽车图书的热忱和敬业，都令我深为感动和钦佩。

可以说，我也是人民交通出版社辉煌历史的见证人。

冯超 2012年9月25日

▲ 时任中国汽车技术研究中心副主任兼总工程师、重庆汽车研究所总工程师冯超贺词

人民交通出版社：

欣悉人民交通出版社即将迎来成立六十周年的大喜之日，在此，我谨代表吉林大学汽车工程学院并以个人的名义，向贵社表示热烈的祝贺！向人民交通出版社全体员工致以诚挚的问候！

六十年来，作为高等教育教材的主要合作伙伴，人民交通出版社给予了吉林大学（原吉林工业大学）汽车学院鼎力支持和真诚帮助，出版了《汽车构造》、《汽车运用工程》等一大批国家级精品教材，培养了百万计的优秀汽车设计、制造、使用专门人才。今后，吉林大学汽车工程学院将进一步加强与国内领先的汽车图书出版机构——人民交通出版社的合作与交流，将汽车和交通类学科教材及科研成果及时出版，推出优秀汽车图书，传承汽车科技知识。

我们将永远铭记和珍视与人民交通出版社结下的历久弥新的友谊，并进一步深化在更高层次、更广领域的交流与合作，实现互利与发展，共同开创更加美好的明天。

吉林大学汽车工程学院院长：

二〇一二年十一月一日

▲ 吉林大学汽车工程学院院长、教授、博士生导师、长江学者管欣贺词

1952~2012

1952~2012

人民交通出版社成立60周年

上级领导关怀

▲ 交通运输部部长杨传堂到我社调研指导工作

▲ 时任交通运输部部长李盛霖到我社调研指导工作

▲ 时任交通运输部部长张春贤与我社员工欢聚一堂

▲ 时任交通部部长黄镇东等领导参加我社出版的《领导干部交通知识读本》首发式

▲ 交通运输部副部长冯正霖向驾校赠送我社出版的《安全驾驶从这里开始》丛书

▲ 时任交通部部长黄镇东等领导参加我社出版的《领导干部交通知识读本》首发式

▲ 交通运输部副部长翁孟勇到我社调研指导工作

▲ 交通运输部副部长高宏峰参观我社数字产品展台

▲ 交通运输部副部长冯正霖向驾校赠送我社出版的《安全驾驶从这里开始》丛书

▲ 交通运输部副部长涂祖远参观我社水运图书精品展台

1952~2012

人民交通出版社成立60周年

▲ 交通运输部副部长涂祖远参观我社水运图书精品展台

1952~2012

人民交通出版社成立60周年

历届社领导

姓　名	职　　务	任职时间	备　　注
李家本	总编辑 社长兼总编辑 总编辑	1992.12～1995.8 1995.8～1998.7 1998.7～1998.10	
张德明	党委副书记兼纪委书记 巡视员	1995.8～2000.7 2000.7～2010.5	
黄　伟	副社长	1995.8～2008.1	
郝爱国	副社长	1995.8～2007.11	
张忠晔	社长	1998.7～2004.12	1998.10起兼总编辑
唐学军	党委书记	2000.7～2009.8	
常行宪	副社长	2000.7～2008.7	
杜　颖	副社长兼纪委书记 副书记兼纪委书记	2000.7～2009.8 2009.8～2012.8	
杨文银	社长	2004.12～2012.8	
赵冲久	党委书记兼副社长	2009.8～2011.10	
朱伽林	社长	2012.8～至今	
任永民	党委书记兼副社长	2012.2～至今	
谭　鸿	副社长	2008.1～至今	
韩　敏	总编辑	2004.12～至今	
王宏图	副书记兼纪委书记	2012.8～至今	
戚学林	副社长	2009.8～至今	
王振军	副社长	2009.8～至今	

历届社领导

历届社领导

姓　名	职　　务	任职时间	备　　注
丘克辉	负责人 副社长 顾问	1952.12～1954.2 1954.2～1957 1980.8～1989	
韩托夫	社长	1954. 2～1961	
张希繁	副社长	1954.12～1957	
吕光明	副社长	1959.4～1959.12	
郭家修	副社长	1960.9～1983.6	1964.8起兼总编辑
梁少克	副社长	1963.9～1983.6	
郑秉吾	社长 顾问	1964～1965.6 1979.2～1982.12	
胡士翔	社长	1965.6～1983.6	1972.2～1973.4领导小组副组长 1973.9～1975.2兼党委副书记
张树风	副社长	1966.3～1978.3	
张善成	副社长	1966.3～1973	1968.9～1969.5革命委员会副主任
张朝杰	革命委员会主任	1968.9～1969.5	
杜书通	革命委员会副主任	1968.9～1969.5	
岳明文	领导小组组长	1972.2～1973.4	
刘炳威	领导小组副组长	1972.2～1973.4	

姓　名	职　　务	任职时间	备　　注
周　毅	领导小组组长 党委书记	1973.4 ~ 1973.9 1973.9 ~ 1975.2	
于仲友	领导小组副组长 党委副书记	1973.4 ~ 1973.9 1973.9 ~ 1975.2	
朱儒珍	副社长	1978.8 ~ 1983.6	
刘　毅	党委书记	1979.2 ~ 1983.6	
汪　浩	副社长	1980.8 ~ 1985.4	
米增福	副社长 巡视员	1983.4 ~ 1995.8 1995.8 ~ 1998.5	1987.3 ~ 1991.3主持行政工作
习　力	副社长	1983.4 ~ 1989.11	
金如霆	总编辑	1983.4 ~ 1987.3	
邬正明	党委书记	1983.6 ~ 1987.3	
魏启宇	社长	1983.6 ~ 1987.3	
康树元	党委副书记	1986.6 ~ 1991.6	1987.3 ~ 1991.6主持党委工作
高镇都	副社长 社长兼党委书记	1986.6 ~ 1992.6 1992.7 ~ 1995.8	
陈民扬	总编辑	1989.7 ~ 1992.12	
董义臣	党委副书记兼纪委书记	1989.10 ~ 1994.9	1991.6 ~ 1992.6主持党委工作
陈群林	社长	1991.3 ~ 1992.7	
黄大斌	副社长 党委副书记 党委书记兼副社长	1992.7 ~ 1994.9 1994.9 ~ 1995.8 1995.8 ~ 2000.7	

姓名	职务	任职时间	备注
李家本	总编辑 社长兼总编辑 总编辑	1992.12 ~ 1995.8 1995.8 ~ 1998.7 1998.7 ~ 1998.10	
张德明	党委副书记兼纪委书记 巡视员	1995.8 ~ 2000.7 2000.7 ~ 2010.5	
黄伟	副社长	1995.8 ~ 2008.1	
郝爱国	副社长	1995.8 ~ 2007.11	
张忠晔	社长	1998.7 ~ 2004.12	1998.10起兼总编辑
唐学军	党委书记	2000.7 ~ 2009.8	
常行宪	副社长	2000.7 ~ 2008.7	
杜颖	副社长兼纪委书记 副书记兼纪委书记	2000.7 ~ 2009.8 2009.8 ~ 2012.8	
杨文银	社长	2004.12 ~ 2012.8	
赵冲久	党委书记兼副社长	2009.8 ~ 2011.10	
朱伽林	社长	2012.8 ~ 至今	
任永民	党委书记兼副社长	2012.2 ~ 至今	
谭鸿	副社长	2008.1 ~ 至今	
韩敏	总编辑	2004.12 ~ 至今	
王宏图	副书记兼纪委书记	2012.8 ~ 至今	
戚学林	副社长	2009.8 ~ 至今	
王振军	副社长	2009.8 ~ 至今	

部分社领导照片

丘克辉

韩托夫

郑秉吾

胡士翔

张善成

周　毅

刘　毅

米增福

习　力

金如霆

邬正明

魏启宇

康树元

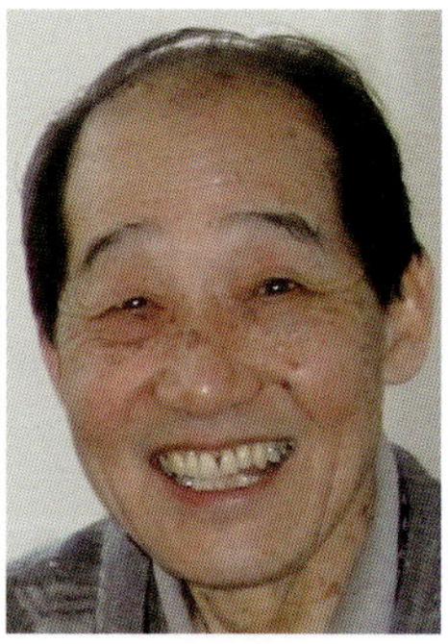
高镇都

陈民扬

董义臣

陈群林

黄大斌

李家本

张德明

黄　伟

郝爱国

张忠晔

唐学军

常行宪

赵冲久

杨文银

杜 颖

朱伽林

任永民

谭 鸿

韩 敏

王宏图

戚学林

王振军

现任社领导班子成员

▲ 从左至右：戚学林、韩　敏、任永民、朱伽林、谭　鸿、王宏图、王振军

1952~2012

人民交通出版社成立60周年

社组织机构图

1952~2012

人民交通出版社成立60周年

- 管理层
  - 生产经营
    - 公路出版中心
    - 土木与轨道交通出版中心
    - 道路运输出版中心
    - 水运出版中心
    - 汽车教育出版中心
    - 公路职业教育出版中心
    - 标准规范编辑部
    - 地图出版中心
    - 综合出版中心
    - 数字出版中心
    - 发行部
  - 职能管理
    - 党群部(纪检监察室、离退休工作办公室)
    - 综合管理部
    - 生产管理部
    - 市场管理部
    - 财务审计部
    - 人力资源部
  - 支持保障
    - 印务部
    - 审读加工部
  - 所属公司
    - 北京交通印务实业公司
    - 北京交通宾馆
    - 北京兴通交通书店
    - 北京金飞图书发行中心
    - 北京中交盛世书刊有限公司
    - 北京交实文化发展有限公司
    - 北京多元文化发展有限公司
    - 北京九洲通图电子科技发展有限公司
    - 北京世纪汇通文化发展有限公司

1952~2012

人民交通出版社成立60周年

员工风采

党群部　从左至右：席少楠、蒋明耀（主任）、姚亚妮

综合管理部　从左至右：王　威、陈雪华、张　斌（主任）、尤晓玮（副主任）、张金利、韩　雪、汤　郁、王文颖

生产管理部　从左至右：师　云、张一梅、赵　蓬（主任）、张雨佳、李　萍

市场管理部　从左至右：赵东方、钱素红、林春江（主任）、刁乃杰、王慧坤、郭　敏

财务审计部　从左至右：王　勇、曲　强、文　中（主任）、高翠平、缪之湘（副主任）、孙　莉、王志浩

人力资源部　从左至右：郑文荣（主任）、江　好（副主任）、陈健文、赵钒宇、温　婧

公路出版中心　从左至右：第一排　王文华、周　宇、郑蕉林、卢俊丽
第二排　黎小东、岑　瑜、曲　乐（副主任）
第三排　刘永超、孙　玺（主任）、蒲晶境、李　喆

土木与轨道交通出版中心　从左至右：第一排　卢　珊、杜　琛、王　霞、吴燕伶、刘彩云
第二排　温鹏飞、邵　江（副主任）、陈志敏（主任）、谢海龙、付宇斌

道路运输出版中心（北京金飞图书发行中心）

从左至右：第一排　李　洁（副主任）、何　亮（副主任）、张宇威、唐　盈
第二排　朱丹宁、刘　博、张　晶、王金霞
第三排　张　强、范　坤、林宇峰、白　峤（副总编辑兼主任）、施韵玥
第四排　钟　伟、闫　亮、曹仁磊、智景安、戴广超

水运出版中心（北京交实文化发展有限公司）

从左至右：第一排　闻亚伦、董　方、刘　军、王　莉、黄兴娜
第二排　杨　川、郭　平、刘继辉（副总编辑兼主任）、张　放（副主任）、李建柱

公路职业教育出版中心　从左至右：第一排　袁　方、卢仲贤（副总编辑兼主任）、丁润铎（副主任）
第二排　夏　迎、伭文利、刘　君、任雪莲、李京辉

汽车教育出版中心　从左至右：夏　韡、翁志新（副主任）、曹延鹏、李　斌（主任）、戴慧莉、薛晓丽、张　兵

地图出版中心（北京九洲通图电子科技发展有限公司）

从左至右：第一排　陈春林、李秀平、杨艳萍、徐　菲

第二排　任　杰、李　刚（副主任）、张　蕊、董京礼、李爱霞、胡永强、毛　鹏（主任）

综合出版中心　从左至右：第一排　刘永芬、郭红蕊、韩亚楠（副主任）

第二排　崔　健、张征宇（主任）、赵瑞琴、王秋红

标准规范编辑部　从左至右：丁　遥、李　农、李　洁、吴有铭（主任）、刘　涛（副主任）

道路运输技术研究机构筹备组　黄景宇（副组长，左一）

北京世纪汇通文化发展有限公司　章　嵩（总经理，左二）、詹小青（左三）

数字出版中心 从左至右：第一排 蔡 健、李 冰、姜占峰（主任）、高 培（副主任）、刘 倩、刘 青
第二排 曹俊杰、郑 磊、张敬源、刘佳岐、邓晓磊、

审读加工部 从左至右：第一排 闫吉维、于 佳、潘艳霞、赵艳伶、刘敏嘉（副主任，主持工作）、戴瑞萍、周往莲、贾秀珍
第二排 周 凯、张向东、富砚博、张 淼、钱悦良

印务部 从左至右：第一排 董 昊、刘泽宇、张 凯、宿秀英、郭思涛（主任）、崔楷鑫、杨 捷

第二排 崔晓虹、孙国靖、刘高彤、张 梅、刘 芹、尹 静

第三排 李 东、张 捷、杨 杰

北京兴通交通书店 从左至右：朱光文、田 川、刘照华（经理）、吴 柏

发行部（北京中交盛世书刊有限公司）

从左至右：第一排　张　昭、倪雅馨、白　静、周　阳、崔红丽、李锡瑾、刘建荣（副主任）、黄小娟、王照娟、张　敏、钱　伟

第二排　王风力、张维青、丁　耐、顾熵鲁（副主任）、丁捷明、刘廷超、关烈雁、刘正乐、张　悦、王　丹

第三排　刘会智、李贵新、栾　韬、徐　杰、张晓东、沈芳荣、王济平、张　新、张　权、李　清、张大勇（主任）、王京京、葛文彦

北京多元文化发展有限公司

从左至右：第一排　戴启莲、李京新、王　宇、刘小融

第二排　闵　杰（经理）、杨国辉、康　宁、张成山

第三排　孔祥海、程红卫、魏同敏、李世耀

北京交通印务实业公司（领导班子）

从左至右：余成建（副总经理）、张本林（副总经理）、席宇鹏（总经理）、高月刚（副总经理）、刘志杰（总经理助理）

北京交通宾馆（领导班子）

从左至右：武　君（党总支书记）、孟建君（副总经理）、杨宪卿（总经理）

1952~2012

人民交通出版社成立60周年

躬耕在共和国交通运输发展的征程中

躬耕在共和国交通运输发展的征程中

——人民交通出版社60年改革发展纪实

中国交通报特约记者　林春江　记者　姚　锋

2012年12月8日，人民交通出版社将迎来60岁生日！记者有幸应邀走进这家被誉为交通出版领域翘楚的出版社，身临其境感受其一个甲子发展历程的成就感和厚重感。步入交通出版社的档案室，跃入眼帘的是著名民主人士、学者、教育家和社会活动家章士钊先生题写的社名，一张张泛黄的老照片、略微发脆的卷宗和一本本早期出版的绝版图书。为什么要将每年的12月8日定为社庆日？在这间档案室里，可以将这个问号拉直：1952年的这一天，人民交通出版社公开出版了其成立后的第一本图书——《一列式拖驳运输法》。

60年，对历经沧桑巨变的交通出版社，是60年创业史，60年奋斗史，60年创新史！一代又一代交通出版人以“立足交通、服务交通、服务社会”为使命，弘扬“助千万交通人成长，伴数亿出行者愉悦”的精神，走出了一条独具特色的自我发展之路，用智慧与心血、胆识与魄力，在共和国交通运输事业波澜壮阔的改革发展历程中，留下了深深的痕迹，打造出了令人瞩目的出版成就和品牌。

【沿革篇】

艰苦创业成绩斐然　务本求实硕果满枝

人民交通出版社诞生于新中国百废待兴，新民主主义各项建设事业蓬勃开展的火红年代，是共和国诞生后成立的首批仅有的几家专业出版社之一。1952年，我国第一个五年计划实施在即，为了适应交通运输事业的发展，时任交通部副部长王首道倡议以部办公厅编译室为基础成立一家专业出版社，中央很快批复，人民交通出版社应运而生，上级领导机关是中央人民政府交通部、中央人民政府出版总署，负责人为丘克辉，办公地址设在交通部(北京东城北兵马司1号)机关内，主要任务是负责出版交通部主管的水运、公路及汽车运输等方面的专业科技图书和科技期刊，如《人民交通》、《汽车》和《公路》等杂志；翻译出版苏联俄文版交通科技图书；出版交通部内部发行的《交通公报》。经交通部和出版总署批准，自1954年1月1日起，上海“汽车和公路杂志社”正式改名为“人民交通出版社上海分社”。社址在上海新乐路 82号，与当时的华东交通部合署办公。上海分社除了出版《汽车》月刊外，还出版《汽车译丛》、《汽车活页文选》，以及各种其他汽车书刊。

▲王首道老部长关心我国交通出版事业发展

▲章士钊(1881−1973)

人民交通出版社

▲章士钊先生题写的社名

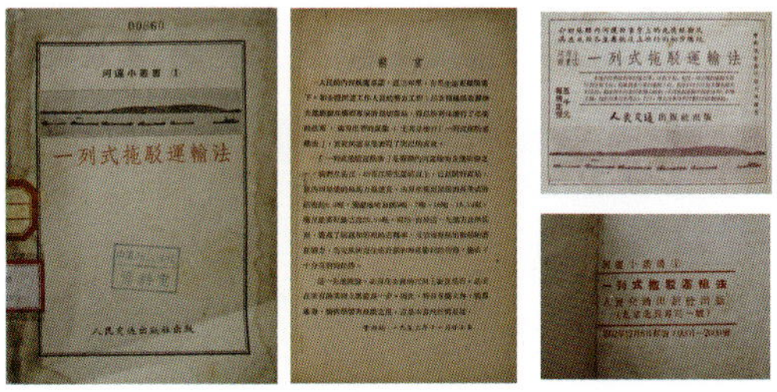

▲1952年12月8日出版了第一本图书《一列式拖驳运输法》

▲人民交通出版社上海分社原址：上海新乐路82号

交通出版社成立之初只有不到30人，没有成立专门的编辑部门与出版部门，只设期刊编辑室、丛书编辑室、翻译室和图书资料室，由专人分工负责编辑与出版业务。王首道部长先后调原中央财经委编译室主任韩托夫来社工作，调原航务总局办公室主任冈森任编辑室副主任，调原运输局办公室主任陈再励任期刊编辑室主任，调曾在香港黄药眠主编的《民主与文化》编辑部工作的郭秉箴任丛书编辑室主任。

1954年2月1日，为了更好地做好出版工作，交通部决定撤销部办公厅编印室，交通出版社实行企业经营，任命韩托夫为社长、丘克辉为副社长。经过初创起步阶段，交通出版社很快进入了成长发展时期。

▲韩托夫

▲丘克辉

为适应业务发展需要，交通出版社迅速转变了成立初期编辑出版不分专业的格局，对内设机构进行了大幅调整，按专业分工设立了水运、公路、汽车编辑部，还设立了办公室、总编室、干部科、计划财务科、出版科、发行邮购门市部等部门，职工（含上海分社）达到95名。制订了《编辑工作责任制》、《行政管理制度》、《各编辑室分工联系制度》、《新书与重印书修订的定价标准》等近30项制度。1955年，经交通部批准，出版社与创建于20世纪30年代初的私营慈成印刷工厂（北京市宣武区宣武门外下斜街道感化胡同2号院内）实行公私合营，1959年1月，由公私合营慈成印刷工厂和交通部办公厅印刷所合并而成的人民交通出版社印刷厂被正式命名，职工达到108名。这一时期，交通出版社基础设施虽然仍很薄弱，但已取得明显进展，1955年春，东城区和平里东街8号的办公楼（西楼）竣工交付使用，并增盖库房和宿舍；印刷厂迁往东城区和平里东街交林夹道办公，交通出版社还为印刷厂添置设备和器材，投资修建厂房和职工宿舍。

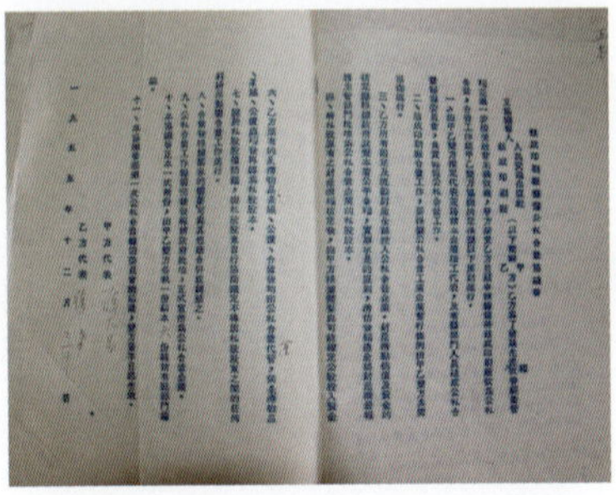

▲1955年12月公私合营协议书

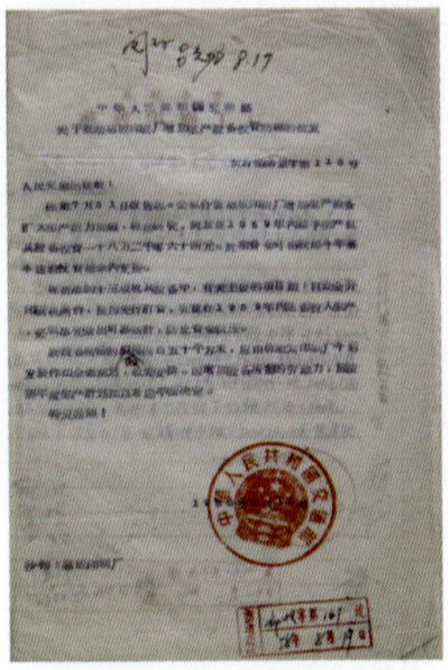

▲1958年交通部批准购置印刷设备的批文

交通部为加强对出版工作的领导，先后成立了由交通部副部长马辉之担任主任委员的图书出版编审委员会，由交通部副部长潘琪担任主任委员的出版委员会。出版社主要出版介绍苏联在交通运输方面的先进理论、技术和经验的图书（约占出书总量的 80%），反映国内交通运输领域的创造发明和先进经验的图书和满足交通运输战线广大职工工作、学习需要的通俗与普及读物。公开发行或内部发行的刊物包括《公路》、《水运》、《汽车》、《交通工作》、《人民航空》、《交通技术通讯》、《交通教育通讯》、《交通财务会计通讯》、《水运技术通讯》、《水运业务》、《公路与汽车运输科学技术指导》等十数种。《新中国的公路建设》等10种反映新中国成立10年来交通事业建设伟大成就的图书被列为重点图书向国庆10周年献礼；出版完成钢铁运输任务的社论报道汇编《全党全民办运输文集》，赠送给全国各地县委书记，同时赠送一册农村交通运输需要的《交通出版社目录》，以扩大农村销售市场。此时，交通出版社已同全国2500多个机构及1500多位读者建立了联系。

▲上世纪五十年代我社部分出版物

进入20世纪60年代，交通出版社进入曲折起伏时期，特别是随着“文革”开始，我国出版事业基本上处于低迷和停滞状态。1969年5月，交通出版社60名职工被下放到交通部“五七干校”劳动，在社留守仅10人，各项工作都陷入停顿。1972年2月1日，交通部决定，因精简国家机关，交通、铁道、邮电三部合并后，将人民交通出版社与人民铁道出版社合并，合并后定名为人民交通出版社，两社所属印刷厂同时合并。1975年，交通部决定两社分署办公，原人民铁道出版社人员迁回原址，两社印刷厂亦恢复原名。

▲两社合并时我社出版的铁道方面的图书

▲“文革”期间我社出版的部分图书

在交通出版社发展最艰难的时期，因机构和人员精简，职工人数一度减少至48人。值得庆幸的是，中央领导同志、交通部却不曾停止过对交通出版社的关怀与支持，一些有影响和有价值的好书仍得以在夹缝中艰难诞生，甚至走出国门。1971年6月9日全国出版工作会议期间，胡士翔社长、王亦兵同志与其他几家出版社代表一起受到周恩来总理的单独接见。周总理对胡士翔社长随身带的《水泥船制造工艺》一书很感兴趣，交通出版社随即将《水泥船制造工艺》的图书及画册两本书送给周总理。1973年11月22日，交通出版社向联合国提供《英汉道路工程词汇》一书。这期间，交通出版社的《高速柴油机的维修》、《船舶柴油机修理工艺》、《汽车点火故障检验图解》、《沿海航标》、《汽车驾驶员常识》、《汽车驾驶》、《汽车构造》、《汽车保养与故障排除》、《钢质海船建造规范》等多种精品图书通过外文书店走出国门。

▲周恩来总理

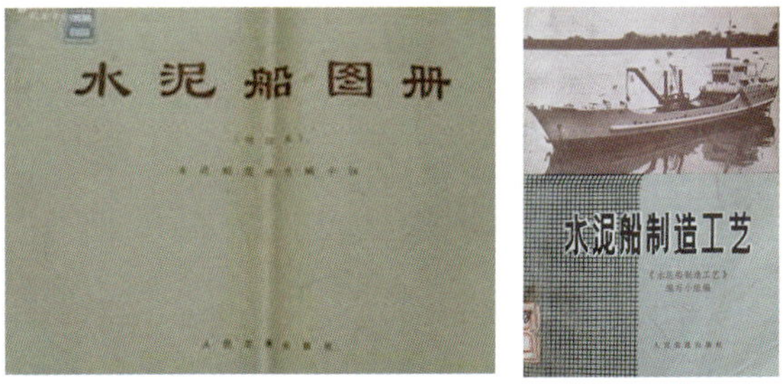

▲我社出版送给周总理的《水泥船制造工艺》和《水泥船图册》

20世纪70年代中后期，交通出版社开始复苏重振。伴随着改革开放的号角吹响，中国进入了现代化建设的历史时期，交通出版社也积极投身到中国这场前所未有的伟大变革之中。1983年1月24日，交通部办公厅下发《关于在京企事业机构设置的通知》，明确交通出版社为局级事业单位。交通部在随后的工资改革中进一步明确交通出版社实行企业化管理，并决定自1989年1月1日起实行工资总额与经济效益挂钩。根据“以经营为主的企业性单位必须与国家机关、事业单位的工资制度脱钩，实行工资转制，即改为企业工资制度”的精神，经交通部批准，交通出版社呈报的工资改制方案从1989年10月1日起正式执行。全社共 211人全部参加工资转制，成为我国第一家实行事业单位企业化管理的中央国家机关部属出版社。交通出版社还先后成立了人民交通出版社新疆分社和驻深圳办事处。交通出版社的和平里东街办公楼和大屯书库建成交付使用。20世纪90年代，随着中国特色社会主义市场经济理论研究的深入和由计划经济体制向市场经济体制的转变，交通出版社再领风气之先，率先实行了经营宏观调控与部门目标经营责任相结合的管理机制，建立职工浮动工资及岗位津贴制，使编辑收益与工作绩效密切挂钩等，促进了交通出版社进入良性循环，为今后的发展奠定了坚实的基础，赢得了更大的发展空间。

▲我社早期部分职工合影

▲上世纪七十年代初期职工合影

▲建社四十周年全体职工合影

▲建社五十周年全体职工合影

▲建社六十周年全体职工合影

这一时期，交通出版社开创了交通出版事业的崭新局面。推出了一大批为交通建设服务、为科研服务、为培养人才服务的优秀图书，《公路双曲拱桥》、《船舶中低速柴油机轴系扭振应力计算方法的研究》、《船舶柴油机轴系扭转振动》、《汽车故障诊断》、《微型计算机》、《预应力T型刚构式桥》、《1小时推定混凝土强度》、《船舶轴向稳定与振动》、《新编汽车驾驶员读本》、《公路小桥涵手册》、《坚定的共产主义战士严力斌》、《从独木舟到宇宙飞船》、《航海古诗选》、《中国石拱桥研究》、《汽车驾驶员培训教材》、《运输系统规划与模型》、《高等级公路半刚性基层沥青路面》、《客运架空索道安全技术》等一批图书获得全国优秀科技图书奖、科学技术进步奖、全国“星火计划”丛书优秀图书奖、全国图书“金钥匙”奖、“日月花杯”优秀图书奖，《汽车构造》(上、下册)荣获机械工业部第三届高等学校机电类教材评奖活动的一等奖，《工程结构可靠性设计》、《电航仪器》、《兴波阻力理论基础》、《路面工程》等16种图书分别获得国家、部优秀教材奖，《机械制图》软件作品获得99’CIETE全国多媒体教育软件大奖赛一等奖、《汽车维修实用喷涂技术》获新闻出版总署和教育部联合公布的第五届“全国优秀教育音像制品奖”二等奖，出版了国家“八五”重点图书6种：《轮机工程手册》、《中国城市交通》、《中国石桥》《多边界石方爆破工程》、《海商法大辞典》、《高速公路丛书》，列入国家“九五”重点规划的选题有当代科技重要著作丛书·交通领域(10种)和公路、水运交通科技丛书（23种），出版了大型系列丛书《交通行业工人技术考核问答丛书》、《当代科技重要著作·交通领域》、《交通科技丛书》、《中国交通50年》大型画册系列丛书，组织编写《中国汽车工程手册》、《中国汽车工业史》、《中国交通营运里程图》(新编版)，出版了《汽车运用工程》、《汽车维修工程》等国家重点教材。先后与中国交通工程学会合创《中国交通工程》（后改为《交通工程》）杂志，与香港贝思出版有限公司合作出版《车城》杂志，与中国道路运输协会成立《中国道路运输》杂志。此外，交通出版社还致力于图书发行体制改革，加强社自办发行业务，1985年成立了第一家自办发行网点——杭州交通书店，并且在随后的近10年中，迅速发展壮大至近50家自办发行网点，这些网点至今仍然是交通出版社销售渠道的骨干，也成为交通出版社在激烈的市场竞争中的独特优势。交通出版社发展离不开交通部、新闻出版总署的大力支持。在社庆40周年之际，王首道、孙大光老部长分别为出版社40周年题词。为迎接新中国成立50周年，交通部组织编写《中国交通50年成就》大型系列画册，黄镇东部长担任编委会主任。在社庆50周年之际，交通部、新闻出版总署、中宣部出版局等领导机关发来了贺辞、贺信；在交通出版社成立50周年庆祝大会上，新闻出版总署柳斌杰副署长（2006年任署长）、交通部翁孟勇副部长莅临大会并做重要讲话。

进入21世纪，特别是党的十六大以来，伴随着中国交通事业大发展和文化体制改革大背景下出版业的深刻变革，始终紧扣时代跳动的脉搏、与时代共同发展的交通出版社，再次以前所未有的姿态，积极参与到中国社会经济的大转变中去，步入快速发展时期。特别是“十一五”以来，在社领导班子的带领下，全体员工解放思想、锐意进取、攻坚克难，销售收入、利润总额、资产总额逐年持续增长，确保了国有资产的优化配置和保值增值，实现了跨越式发展。七年间，出版码洋、发货码洋和回款实洋等均增长2倍以上，年均增长率超过10%；总资产、净资产规模均增长了近5倍，达到25%；经营效益更是增长了14倍以上，年均增长率超过46%，职工收入也有大幅提高。

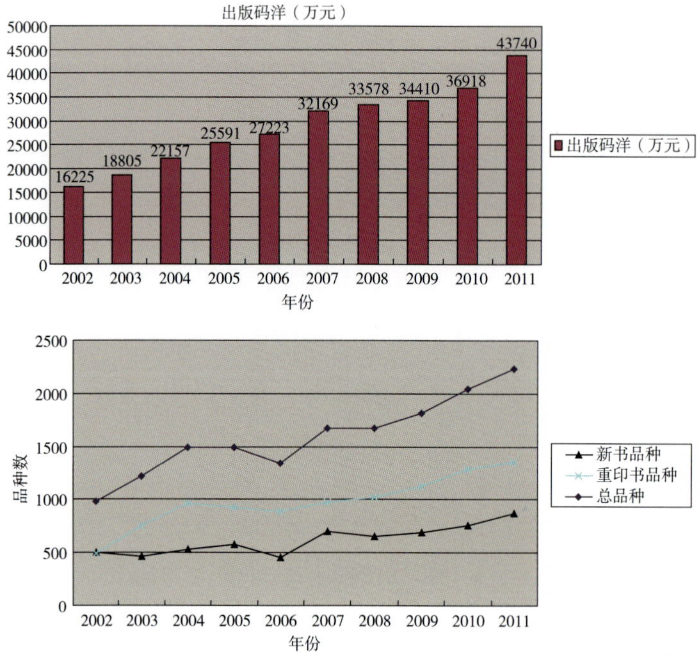

▲近十年我社出版码洋与出版品种

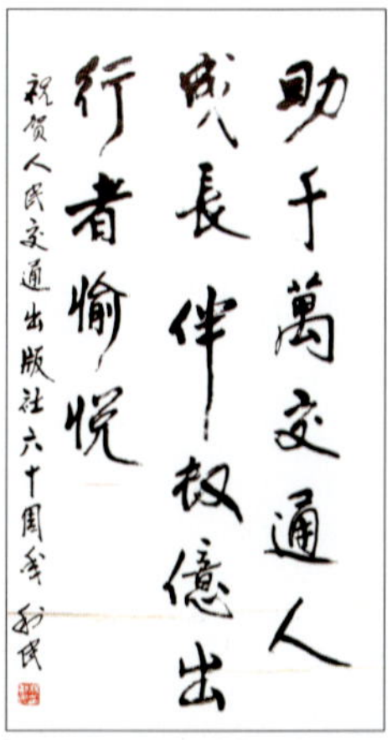

▲中纪委驻交通运输部原纪检组组长杨利民为建社六十周年题词

这一时期，交通出版社转换体制机制，改善基础设施，加强内部管理，完善规章制度。交通运输部非常重视交通出版社的发展与各项工作。杨传堂部长、李盛霖部长、张春贤部长、翁孟勇副部长、高宏峰副部长、冯正霖副部长、徐祖远副部长、冯正霖副部长、黄先耀副部长、驻部纪检组组长杨利民、部党组成员何建中等部领导多次到出版社调研和指导工作，看望、慰问我社离休干部、老红军刘毅等同志。2000 年6月，交通出版社启动了4800平方米、总投资1760万元的中交文苑工程项目建设。2003年6月25日，交通部决定对交通出版社和平里东街10号院房产与交通宾馆及相关土地进行调整和资产划拨、交通宾馆成建制划入交通出版社（交通宾馆于2004年3月12日正式划转交通出版社，交通出版社于当年4月底整体搬迁至交通宾馆1号楼办公，交通出版社业务由出版、印刷延伸至宾馆服务，全社员工超过500人）。2009年4月，书库搬迁至北京大兴区黄村镇芦求路88号，极大地缓解了长期以来困扰交通出版社的库容不足问题。2010年2月，交通出版社又启动了中交文苑综合业务用房改造工程，改造工程增加建筑面积3200平方米，总投资2960万元。交通运输部还同意将大兴17亩土地划转交通出版社作为新的库房用地，基础条件大大改善。2009年4月9日，中共中央办公厅和国务院办公厅联合发出《关于深化中央各部门各单位出版社体制改革的意见》（中办发(2009)16号文），经营性出版单位转制工作全面拉开，高宏峰副部长、部党组成员何建中多次到社调研和指导工作，了解、解决困难，推进转制工作。2010年12月30日，按照国家文化体制改革工作要求，交通出版社顺利完成转制工作。为了尽快适应转制背景下市场竞争需要，完成企业运行机制转换，交通出版社修订了《薪酬管理制度》、《绩效考核办法》等一系列企业运行基本制度。

这一时期，交通出版社巩固已有资源优势，大力拓展新的市场，可持续发展能力和竞争实力明显增强。2001年8月，交通出版社向教育部申请成为教育部中等职业学校国家规划教材出版基地，并获批准。连续几届被中宣部和新闻出版总署授予“全国良好出版社”称号，被新闻出版总署评为“讲信誉、重服务”出版社。2004年7月，新闻出版总署批复同意交通出版社增加电子出版物业务，设立“人民交通音像电子出版社”。2007年6月，通过国家测绘局审核取得甲级测绘资质，该资质范围包括地图编制，专题地图、电子地图制作及地图制版等。2012年1月，获得国家测绘局颁发的《互联网地图服务甲级测绘资质》证书。在原有出版领域基础上，交通出版社还向土木建筑、物流、轨道交通、邮政、航空等领域拓展。

▲办公场所的变迁

如今，交通出版社已经大步迈入出版行业的“第一阵营”。在2009年新闻出版总署组织的首届经营性出版单位等级评估中，交通出版社在500家参评单位中脱颖而出，被评为科技类一级出版社，并被授予“全国百佳图书出版单位”荣誉称号。拥有北京中交盛世书刊发行有限公司、北京交通印务实业有限公司、北京交通宾馆等九家企业，主营图书、电子音像出版发行，兼营印刷、旅店业务，并向数字出版、道路运输咨询与培训、电子商务业务延伸。年出版图书超过201800种（其中新书700余种）、总资产超过5亿元，年出版码洋、销售码洋超过4亿元，营业收入近2.5亿元，全社在职职工460余人。

在取得良好社会效益和经济效益的同时，交通出版社内部管理也发生了重大变化：规章制度更趋完善，管理“科学、民主、规范、精细”；图书出版规模不断扩大，结构逐渐优化；营销渠道不断拓展，销售业绩逐年增长；编辑队伍结构优化，专业人才逐年增加；建立起更加完整的绩效指标体系和更加科学的考核体系，加强了对发展过程的规划能力、协同控制能力以及执行力的控制，从而推进交通出版社全面协调可持续发展。而这些成绩的取得，都源于交通出版社在管理上的不断创新。

▲80余岁老作者刘玉璋探访我社

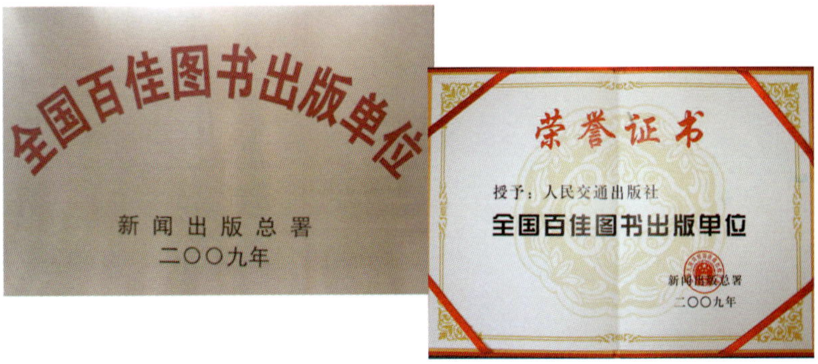

▲2009年我社荣获“全国百佳图书出版单位”荣誉称号

【管理篇】

理念先行决策科学　出色源自管理提升

革命导师列宁说："管理和政治的全部艺术，在于要适时地估计到并了解应该把主要力量和注意力集中在什么地方。"多年来，交通出版社始终根据图书市场的变化和出版产业的调整，不断加大内部改革力度，向管理要效益，向改革要效益，向结构调整要效益，力争实现从粗放经营模式到集约经营模式、从品种扩张型增长到效益优先型增长、从以产品为导向的经营理念到以服务为导向的经营理念转变，走出一条精细化管理之路。

精细化管理，是交通出版社实现快速成长和跨越式发展的基本保障。多年来，交通出版社在管理中坚持以人为本，改善了基础管理，加强了企业化管理，使管理由单一的管理转向全面的计划管理和柔性化管理，由粗放型管理转向精细化管理，重细节、重过程、重具体、重落实、重质量、重效果，建立专业化的岗位职责体系、完善的目标管理体系和科学的考评体系，在绩效管理上实行全成本考核。严格实行预算管理，重视成本管理的制衡机制设计，并对各项采购和费用环节做出严格制度规定，使得每一项费用支出都能得到较好的自控和监督。社领导要求全社员工发扬艰苦创业精神，并带头勤俭节约，开源节流。如双面打印文件，倡导绿色出版，常态化开展以节水节电节油为主要内容的节约活动，细化公车管理制度、对部门超配的公车予以收回，并对加油卡的使用进行了限制，最大限度地减少管理所占用的资源和降低管理成本。

▲任永民书记与戚学林副社长到印务公司调研

▲我社制定的"十一五"和"十二五"战略规划

精细化管理的前提是制定科学的发展规划。交通出版社向来非常重视规划引领工作：从制订“九五”规划纲要到“十五”发展规划，从编制“十一五”发展战略规划到“十二五”战略规划，可见一斑。2005年，社领导班子在做好生产经营的同时，超前启动，谋划未来，把编制“十一五”发展战略规划作为一件大事来抓。为切实推进规划工作，交通出版社专门成立领导小组和编制小组，拟定了《工作方案》，制定分工负责、开展调研、加强内部沟通和外部咨询、动员广大员工参与的工作机制，确定规划工作的时间进度。领导小组由社领导，各部门、单位的主要负责人为成员。每个管理部门都承担具体的任务，每个业务部门都要为规划编制提供支撑。由于“十一五”规划很好地把握了发展趋势，符合出版实际，对其后五年的全面协调可持续发展起到了切实指导作用，交通出版社顺利完成或超额完成了五年发展目标。为确保“十二五”的科学发展，交通出版社又于2010年启动了新的五年规划编制工作，在详细研究论证的基础上，编制完成《人民交通出版社“十二五”战略规划》，确立了“十二五”战略定位、经营方向、发展目标和策略措施。

▲社党委认真倾听群众意见

▲中层干部专心研讨“十二五”发展规划

▲组织职工开展业务知识测试

1952~2012

发展战略的实施，需在一定的制度平台上进行。体制改革、机制创新的成果，也要凝固、积累在成文的规章制度中，才能行之久远。作为战略规划实施的一部分，交通出版社实施以制度保障战略执行的科学管理模式。现在，交通出版社的制度体系已日臻完善。记者在交通出版社看到厚厚一摞、超过400页的《规章制度汇编》，共160余项制度，根据制度性质分为“编辑与出版管理”、“财务管理”、“劳动人事管理”、“市场管理”、“行政管理”、“党群管理”等六大部分。其中，“十一五”以来新制订、修订制度近100项，以《绩效考核办法》和《在途管理办法》为例，新的《绩效考核办法》更加注重以绩效考核为导向的综合考核，体现编辑部门与销售部门考核导向的一致性，编辑部门、销售部门作为利润中心，要求完全负担自身的所有成本，把全社的管理费按各部门业务内容的差异及占有资源的差异比例分摊，只有在完成管理费分摊后实现正利润，才能享有相应的奖励金；而2011年7月1日正式实施的《在途管理办法》是一项重要的内控制度，主要通过规范出版物代销过程中社内各环节的工作，达到控制在途风险的目的，规定了出版物代销的工作流程、基本要求和处罚机制，实现对经销商合同、在途、账期的动态管理，均衡销售回款，加快资金周转，极大地提高了对经销商信用管理水平，规范了在途管理，降低了经营风险。为了更好地适应转制后与企业制度的全面衔接，交通出版社又将规章制度的“废、改、立”工作纳入《2012年度社重点工作和主要工作安排》，着手新一轮的制度建设。

▲生产销售例会认真研判市场

制度要发挥管理功能，必须落到实处。因此，交通出版社在制度宣贯、培训制度执行力上下了很多功夫。员工培训中，规章制度学习成了一门必备科目。在日常工作中，员工们也处处能感受到精细化管理的存在。比如在交通出版社重大事项的决策上，要通过包括社长办公会、重大事项会议决策制度、党委会、职工代表大会等一系列的会议制度来完成决策。

▲ 加强民主管理，职工充分行使民主权利

建立科学有效的企业管理组织系统是执行战略、落实制度、有效管理的保障。交通出版社遵循“满足发展，精简效能，指挥统一，分工协作，责权利匹配，制定政策、监督与执行分离”的原则，按扁平化组织形式的要求，把整个组织体系分为领导决策、职能参谋层和一级社属机构层两个层次；按生产经营、管理、支持保障三大职能的不同，把部门划分为生产经营部门、职能管理部门和支持保障部门三大类型；按财务管理的要求，将编辑部门作为利润中心，把销售部门作为收入中心，把印务部门作为成本中心，把其他部门作为费用中心。这种“管办分离”的管理思路，为各环节发挥自身功能的最大化、最优化创造了可能。

▲ 加强图书质量检查

精细化管理须有精确的执行依据，定量决策的先决条件是全面真实的数据和准确的市场分析与预测。交通出版社的每一个制度安排，每一项业务规划，每一项决策，都有明确的理论、数据支撑、市场分析和严密的执行措施。交通出版社注重数据的积累与分析，并用于生产经营计划与决策。数据决策贯穿了各业务执行部门的任务指标设立和任务实施过程：根据绩效考核办法，积累、分析各部门生产经营数据，研究其变化规律；在此基础上，由相关部门共同参与并配套制订年度选题计划、出版计划、财务预算、目标责任书。因此，交通出版社能在纸价上涨前大量囤买纸张，能在北京奥运会前积极实施预案使当年市场不降反升，能在市场出现疲软之前屡搞大会战实现稳中有升，能在销售旺季到来之前实施奋战120天活动迅速补足库存。

▲召开奋战120天活动动员会

在实际工作中，交通出版社推行依法经营理念，坚持按制度办事。规章制度的制定和实施，为规范经营和管理行为，提高工作质量和管理水平，为实现管理的科学化、民主化、规范化、精细化打下坚实的基础。

【成就篇】

助千万交通人成长　伴数亿出行者愉悦

著名出版家邹韬奋一贯主张出版有“事业性”，也有“商业性”，应当正确处理好两者的关系。《易经》曰：“举而措之天下之民，谓之事业。”任何时候都把社会效益放在第一位，社会效益和经济效益相统一，这是坚持正确出版方向的基本原则，也是领会出版的真谛，搞好出版的保证。

作为以交通为专业特色的科技出版机构，交通出版社始终紧紧依托和服务于交通运输行业，以图书为载体，介绍新知、推广技术、传播资讯、传承文化，服务于交通运输从业人员。坚持读者为本，引领出版前沿，强化跨图书、音像、电子、网络等各种媒体业态的出版能力，60年来，累计出版各类图书2万余种，累计发行近3亿册，在我国交通运输事业发展中发挥了不可替代的作用，为交通运输科学发展、安全发展、和谐发展做出了突出的贡献。一个甲子后的今天，交通出版社已经形成以公路图书、汽车图书、水运图书、交通地图及交通专业教材为主，其他相关专业书籍为辅的多元出版格局；建立起一支包括院士和交通运输行业知名学者、专家、教授在内的高素质作者队伍；构筑完成一个由交通书店、教材书店、新华书店和中国交通书城（网上书店）有机结合、覆盖全国范围的立体化销售网络。旗下设有公路、道路运输、土木与轨道交通、水运、公路职业教育、汽车教育、标准规范、综合、地图、数字出版中心等10个图书出版中心，正在积极筹建道路运输研究院。在公路、桥梁、水运、交通地图类等图书细分市场占有绝对强势地位，连续多年保持全国第一；汽车图书排名全国第二；不仅是国内交通专业图书出版的市场领先者，也是全国最大的交通教育教材的出版基地、全国最大的交通地图提供商和全国重要的土木工程、铁路与轨道交通、物流领域图书重要提供者。

中国水运建设60年 建设成就卷
中国水运建设60年 建设技术卷
中国交通运输改革开放30年 地方卷
中国交通运输改革开放30年 公路卷
中国交通运输改革开放30年 企业卷
中国交通运输改革开放30年 水运卷
中国交通运输改革开放30年 综合卷
苏通大桥设计与结构性能
千米级斜拉桥——结构体系、性能与设计
组合索塔锚固结构
超长群桩基础承载机理研究
千米级斜拉桥设计指南
中国民航建设与发展
交通运输行政执法基础知识
交通运输行政执法管理与监督
交通运输行政执法程序与文书实务
交通运输行政执法证据收集与运用
交通运输行政处罚自由裁量权行使实务
交通运输行政执法典型案例评析
交通运输行政执法常用法规汇编
汶川地震公路震害调查 地质灾害
汶川地震公路震害调查 桥梁
汶川地震公路震害调查 路基
汶川地震公路震害调查 隧道
汽车构造 第五版 (上册)
汽车构造 第五版 (下册)
工程力学
船舶焊接工艺
工程造价概论
汽车文化
港口管理
交通运输设施与管理
公路工程建设招标与投标
道路建筑材料

▲近期出版的部分图书

——立足专业特色　打造出版品牌

在中国特色社会主义市场经济的条件下，各行各业都把树立形象、创品牌作为增强企业活力，开拓市场的战略举措。交通出版社销售的是特殊的产品——出版物，面对日趋激烈的图书市场，树立品牌意识，实施品牌工程，多出精品力作，已经成为交通出版社向市场要生存、要效益、要发展的关键。在某种程度上，出版社之间的竞争就是品牌的竞争。优秀的品牌产品是出版社的立社之本，相反，一个出版社如果没有品牌产品，早晚会被市场淘汰出局。美国著名出版家小赫伯特在《图书出版的艺术和科学》一书中指出："出版社并不是因为它经营管理的才能出名，而是因它出版的书出名。"

交通出版社优良的口碑和品牌，源自常年来高品量的出版积累。维护好品牌，利用好品牌，发扬好品牌，这一点也是交通出版社全体员工的共识。交通出版社注重品牌建设首先体现在团结着一支包括院士和知名学者、专家、教授在内的高素质作者队伍，这保证了交通出版社出版物的高水准和前沿性。其次，交通出版社坚持走专业化出版之路。在推进文化体制改革的大环境下，专业出版社必然会遇到大型出版集团或综合大社的竞争压力。面对激烈的市场竞争，交通出版社始终坚持和不断强化专业特色，对专业领域进行深入细致的分析，对该专业领域的市场容量和发展趋势了如指掌。同时，制定战略发展规划，并及时在内部进行组织结构调整以动态适应市场要求。事实证明，只有强化了专业特色和专业能力，才能提高市场竞争能力，增加抗风险能力，也就有了立足市场的根本条件。

凡是世界的品牌，都是以上乘的品质作为坚实的基础和后盾。一个品牌成长为名牌靠的是品质，一个品牌在市场上倒牌也大多是因为质量出了问题。所以，质量是品牌的生命之所系。出版，如同一个生命体的诞生。作者、编辑、设计师及印刷工艺的合作成功与否，决定了它的基因好与坏、生命力的强与弱、表里的美与丑。古人编书前往往要经过沐浴、更衣、正冠等仪式，方能启动。为确保出书质量，交通出版社层层把关以保证图书质量，提倡"磨稿"精神，始终坚持三审制，关口前移，层层设卡，60年来从未懈怠；曾集中各专业有经验的高职称人员成立质检所；坚持每年社内优秀图书、优秀封面的评选，奖优罚劣；通过地图编制ISO 9001质量管理体系认证。年轻编辑刚到出版社的时候，老编辑告诉他们的第一句话就是“作为一个编辑，要为作者做好各项服务，为作者服务也就是为出版行业服务，为交通运输行业服务”。

在发展中，交通出版社始终做到“五个坚持”：坚持“立足交通、服务交通、服务社会”的办社宗旨；坚持“为读者创造价值”的出版价值观；坚持长期将持续发展能力建设作为中心任务；坚持走规模、速度、效益、质量相统一的发展之路；坚持依靠改革创新和技术进步为发展提供动力。

正是在这种坚守下，交通出版社培养了一大批业内知名的专家、行业领军人才，一大批个人、集体分获全国性的各种奖励或荣誉。习力出任中国出版协会副主席；前任社长杨文银出任中国版协科技委员会副主任委员；陈民杨、王应荣、邬正明、魏启宇、王肃仪、卢其昌、孙起运、石道全、武崇理、吴德心、李文臣、唐本立、蔡培荣、周忠孝等23人入选《中国出版社人名词典》；金如霆、金振远、高镇都、李家本、黄大斌、米增福、张忠晔、唐学军、杨文银、赵冲久、杜颖、谭鸿、黄伟、韩敏、常行宪、王振军、王丽梅等，出任中国公路学会、中国道路运输协会等交通行业协会顾问、会长、理事、委员；韩敏、沈鸿雁先后被新闻出版总署评为新闻出版行业领军人才；王振军被评为“全国交通运输系统先进工作者”。在社会主义文化大发展、大繁荣的背景下，交通出版社认真学习贯彻习近平同志《领导干部要学点历史》的重要讲话精神，现任朱伽林社长出任《中国水路交通史丛书》编辑委员会主任委员。目前，交通出版社聚集了一大批院士、知名专家、学者，如项海帆、王梦恕、马克俭、姚祖康、沙庆林、孟凡超、郑颖人、朱军等；近年来出版了一大批荣获国家、教育部、交通运输部优秀图书奖的精品图书，交通出版社的品牌得以树立并不断强化和巩固。如《中国路谱》、《现代桥梁抗风理论与实践》、《边坡与滑坡工程治理》等三种图书荣获“中国出版政府奖图书奖提名奖”；《现代桥梁抗风理论与实践》、

《中国当代铁路客站设计理论探索》等2种图书荣获“中华优秀出版物图书奖”；《特大跨径石拱桥研究与实践》、《多碎石沥青混凝土SAC系列的设计与施工》、《现代桥梁抗风理论与实践》、《边坡与滑坡工程治理》、《杭州湾跨海大桥关键技术研究与实践》、《橡胶沥青及混凝土应用成套技术》、《多年冻土地区公路修筑技术》、《千米级斜拉桥设计关键技术著作书系》等9种（套）图书入选“三个一百”原创出版工程；《汽车工程手册》和《悬索桥设计》等一批图书获得全国科技图书奖，《汽车构造（上、下册）》、《工程力学》、《船舶焊接工艺》、《工程造价概论》、《港口管理》、《汽车文化》、《交通运输设施与管理》、《公路工程建设招标与投标》、《道路建筑材料》等9种（套）图书被评为国家级精品教材；《工程测量》被评为“第六届全国高等学校优秀测绘教材奖（三等奖）”；《安全驾驶从这里开始》系列图书荣获“优秀科普作品奖优秀奖”；《面向创新的中国现代桥梁》被列为“向中华人民共和国成立60周年献礼优秀科技图书”；《第三方物流企业财务管理案例》、《物流工程学》等3种图书荣获“物华奖”；《天津港系列海图》、《老铁山航道系列海图》等2种地图荣获“优秀地图作品裴秀奖”；《中国高速公路及城乡公路网地图全集》、《驾驶员安全行车手册》、《一线工人必读》等20余种图书荣获行业优秀畅销品种。陈家瑞主编的《汽车构造》至今已经再版4次，培养了一大批汽车专业人才，为交通教育发展做出突出贡献。正如工程院院士黄卫在我社召开的出版专家委员会会议上所言：“是交通出版社的图书陪伴着我成长起来的。”

▲《中国路谱》等三种图书荣获“中国出版政府奖图书奖提名奖”

1952~2012

——转变营销理念　构建全新模式

成功的品牌图书，仅有好的选题策划是不够的，还必须有整体的营销策划。图书的营销是一项系统工程，是一个分析、计划、执行和控制的市场运作过程。近年来，交通出版社树立全新的市场营销观念，构建市场营销新模式，图书发行获得了快速的发展。2012销售码洋达到4.3亿元，图书销售回款突破2.4亿元，再创历史新高。

在激烈的市场竞争中，交通出版社根据外部环境的变化，适时调整产品结构和营销策略，从理念上、体系上、制度上、方法上创新营销，多种营销模式并举，扎扎实实地走出了一条特色经营之路。早在1985年，交通出版社就着手搭建自己的发行网络，到现在已经有80多家网点，每个省都有布点。交通出版社在传统上以自己的交通网点为主要发行渠道，新华书店为辅助渠道。2000年以来，又开展了新华工程，着力疏通新华渠道，新华的销售比重逐步上升。针对网络销售大发展的趋势，交通出版社不仅与各大型网络书店建立了双赢的合作关系，更注重建设自己的网上销售平台——中国交通书城，全新改版的社官方网站、新建的社官方微博已在部政府网站上开设的交通出版成果展示专栏都将在12月8日社庆纪念日前开通。

为了提升销售水平，交通出版社对销售环节作了机构调整，成立市场管理部。市场管理部作为一个职能管理部门，负责营销政策的研究及计划的拟定、出版社品牌形象的培育、图书的宣传策划与组织、法律风险防范、市场监管、物流监管、经销商信用管理、营销分析、营销信息化建设、营销支持与服务等；在各出版中心设置了营销编辑岗位，营销编辑掌握部门内的图书出版状况，提出营销建议，负责与其他部门的信息沟通，面向终端用户推介图书产品；同时将发行部的职能专业化，将更多的精力放在渠道建设与管理和市场开拓上，成为销售和回款的执行机构。这样，交通出版社形成了由市场管理部、发行部、专销部、各出版中心营销编辑和书店组成的营销体系。这样的设计不仅细化营销各环节的职能，而且在营销体系运作的过程中，各个环节的联动和协同也受到极大的重视，从而使全程营销体系得以有效运转，增强了执行力，一本图书从前期选题策划，一直到在书店上架，这个体系全程都在发挥作用。

从产品结构来说，汽车、公路、水运、地图、桥梁、土木等类图书，其适应的渠道各自不同，如果都由发行部来销售就很难做到分头并举，有的放矢。对于在统一渠道上显不出优势的图书，交通出版社鼓励出版中心利用自身的资源优势自办发行，挖掘销售潜力，即销售专门化。《安全驾驶从这里开始》就是一个典范。这套在研究国内外驾驶员培训教育特点基础上由交通出版社自主开发的培训教材，在实行了专门化销售后，迅速取得了巨大的市场效果，当年就发行120万册。如今“安驾”板块的发书回款实洋占全社的比重更是逐年提高，2012年销售册数有望突破500万册，销售回款有望达到1.1亿元。可以说，近年来交通出版社上下都体会到销售专门化给出版社和每个人带来的发展与实惠，大家对这个当初很有争议的决策口服心服。

▲部分版本“安驾”图书

——把握发展脉络　发力数字出版

随着信息技术和网络技术的快速发展，数字化已经渗透到了人们生活的方方面面，数字技术的发展和应用催生了数字化的出版业态，推动整个出版产业的价值链条和经营模式都发生着根本性变革和再造。

数字技术的发展，赋予了传统“图书”和传统“阅读”新的含义：数字化技术突破了传统出版只能提供图文信息的限制，把文字、图像、音频、视频、动画等有机地集成，产生一种和谐的整体展示；数字化内容则使读者能够自主选择阅读内容并任意跳转，其具有交互的功能，使读者由受众变成了参与者；出版内容的数字化，也使信息检索变得更为方便快捷更为容易，内容的复制与传播变得极其容易，产品开发上具有更大的想象空间，极大地丰富了人们的阅读资源。

交通出版社敏锐地抓住这一趋势，率先开展数字出版业务。为做好数字出版工作，专门成立了数字出版评估审查小组，打造了一支由数据加工、资源管理、技术研发及产品策划、宣传推广的数字出版专职人才队伍。同时，也探索制定了促进数字出版发展的相关指导意见和数字产品生产、销售管理规定，有效规范了数字出版产品生产流程，明确了各部门职能分工，并提出了政策扶持措施，为数字出版工作奠定了良好基础。这也是出版行业内首批正式对数字出版、数字产品、数字产品生产制作验收流程、销售等进行了明确规定和规范的数字出版发展指导意见和管理制度。现正按照意见要求，建设内容、生产、销售三大平台，为数字出版保驾护航。

经过2年多的不懈努力，交通出版社对图书电子文档进行了大量的搜集、整理、加工和二次制作，现已建设完成一个包含7717种PDF和XML格式的交通专业电子书、3887篇桥梁工程论文、36座著名大桥建设技术总结、百余个教学课件和视频，以及包括公路技术词典、日汉和法汉道路运输字典在内的30余万词条的全媒体数字资源库。同时，为保证数据质量和统一格式，他们还完成了交通科技图书元数据标准、存储标准和结构化标准3个数字化内容建设的标准编制工作，初步建立了一个相对完善的管理与服务体系，实现了资源的在线检索和下载功能。这些高品质的资源为数字出版业务深度开展打下了坚实的数据基础。

交通出版社以数字产品开发为核心，以平台建设为目标，提供专业精准的知识服务。2011-2012年，包括数字出版中心在内的各个编辑部门，共开发完成包括离线专题知识库等近30种数字产品。还初步搭建了“悦通网”，进行全面的数字产品在线内容和下载、阅读、借阅等交易服务。被习近平、温家宝等国家领导人作为国礼赠送给剑桥大学等国外图书馆的中华数字文苑，其中就有交通出版社的电子书。2011年交通出版社申报的“中国交通运输知识服务数字出版平台”项目，被财政部列入2011年度文化产业发展专项资金支持内容，获得中央财政资金支持。2012年交通出版社申报的“交通运输科技人才数字化学习平台”项目获得新闻出版总署批准进入新闻出版改革发展项目库。

▲我社专题网站与部分数字产品

【责任篇】

注重文化建设　勇担社会责任

经济效益是维系企业生存的根本，出版人的本质和特色就是要通过生产精神食粮予以展示。双重使命，一开始就注定交通出版社与众不同的企业文化，60年来积淀的文化因子在新时期发展的浪潮中，经交通出版人的提炼与发展，更显得内涵深刻、意蕴深远。秉承老一辈出版工作者孜孜以求、不断进取的优秀品质，今天的交通出版人自强不息、开拓开放、兢兢业业，脚踏实地行进在发展的大道上。

第一次踏进交通出版社的人，肯定会被大厅宣传栏里张贴的大幅《社员工行为规范》宣传画所吸引，这正是交通出版社在细节上强化员工企业文化意识的一个小的体现。交通出版社非常注重企业文化建设，制订了《企业文化建设纲要》，经过长期的探索和实践，他们明确了“立足交通，服务交通，服务社会”的企业宗旨以及“为读者创造价值”的核心价值观，确立了“求实、创新、追求卓越”的企业精神，力争以“诚信为本，品牌建社”的经营理念打造交通出版社的企业形象。

交通出版社的发展离不开人，正是在几代员工的辛勤耕耘下，交通出版社才赢得了生生不息的发展动力和创造力，才形成了弥足珍贵的优良传统和凝聚力，才取得了今天这样可喜的成绩。孟子曰：“尊贤使能，俊杰在位。”马克思在《共产党宣言》中发出呼吁：“每个人的自由发展是一切人自由发展的条件。”出版社是高学历、高智商人才聚集的地方，一个组织的全面、协调、可持续发展，最终归宿和落脚点都是为了更好地满足人的精神和物质需求，促进出版社员工的全面协调发展。

交通出版社强调员工与企业共同成长，发展的原动力是员工不断增长的才干和拼搏奉献精神。唐朝刘知几也曾说：“盖珍裘以众腋成温，广厦以群材合构。”为发挥进一步员工的积极性，2012年交通出版社制订了新的薪酬制度，为员工提供了更多晋升空间。说到底，交通出版社的发展，既是为了国有资产的保值增值，也是为全体员工谋更好的福祉。交通出版社还以提高员工整体素质为重点，深入实施人力资源工程，制定与战略规划相匹配的人力资源规划，明确了开展职工教育培训的指导思想、总体目标、主要任务、具体措施等；注重对职工的教育培训，制订《职工教育培训管理办法》，规定了教育培训的组织、不同类型的教育方式、培训费用与服务年限、培训经费管理等。

感情留人，讲究“人情味”，是交通出版社的老传统，也是吸引人才、留住人才一个重要因素。每年交通出版社党委、工会和团委都联合在八月十五和春节前组织家在外地的单身青年聚会，冲淡乡愁、联络感情。为了更好地营造有利于员工成长的氛围，交通出版社深入开展内容丰富、形式多样的文化活动，每年的春游秋游，两年一次的带薪疗养，以及各种球类比赛、合唱等文体活动都常年坚持举办。此外，社里还坚持每年为全社职工体检，注射流感预苗等，坚持“两慰问”、“两帮助”的制度，帮助许多有困难的职工家庭渡过了难关。

▲青年论坛

▲走访魏启宇老社长

▲我社职工参加文艺汇演

▲我社职工参加演唱会

▲我社职工参加合唱表演

▲55周年社庆联欢会

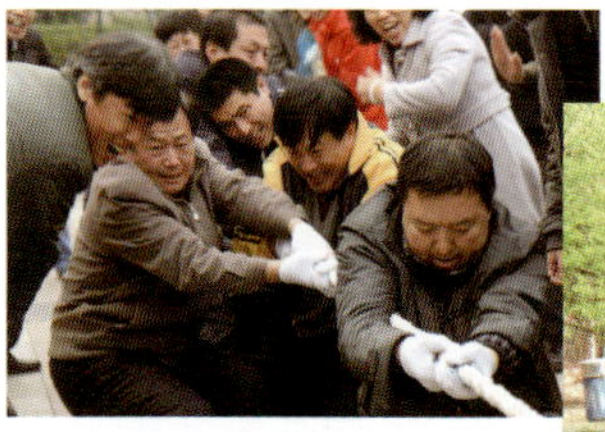

▲拔河比赛

▲秋游

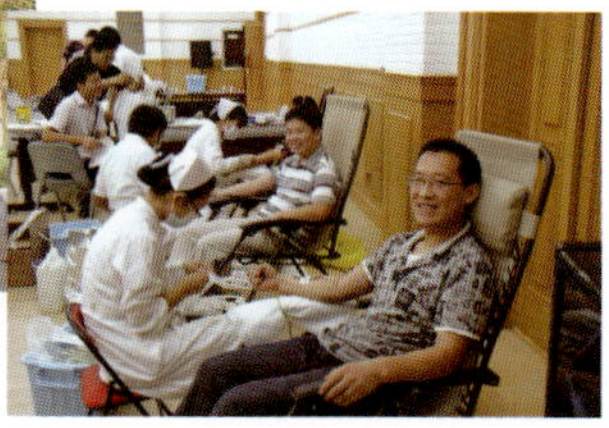

▲义务献血

▲参加运动会

出版既是文化，更是社会责任。出版业是影响力强大的产业，其规模每增加一个百分点对社会所产生的影响要远远大于其他产业。一个企业要提高竞争能力，保证生存和发展，必须重视社会责任。履行社会责任，是提高企业竞争力和树立企业形象的根本，不负责任的企业不可能有竞争力。

作为一家交通运输部直属的出版社，交通出版社承载着交通运输行业“介绍新知、推广技术、传播资讯、传承文化”的使命，始终坚持“为读者创造价值”的出版价值观，坚持社会效益第一的原则，注重产品质量，充分发挥自身在宣传交通运输发展与改革成就、支持现代交通运输业加快发展中的独特作用，每年都出版一批公益宣传类和配合交通运输部党组中心工作的图书，并向行业赠送，如《21世纪交通文化建设研究与实践》丛书、《驾驶员安全行车手册》、《汶川地震公路震害调查》系列图书、《公路水运工程“平安工地”建设口袋丛书》就是其中的代表。2011年6月20日上午，正在安徽马鞍山市参加全国公路水运工程“平安工地”建设推进会的交通运输部党组成员、副部长冯正霖和会议代表一起考察了马鞍山长江大桥建设工地，并向一线工人赠送了由交通出版社出版并提供的《公路水运工程“平安工

▲李盛霖、翁孟勇、高宏峰、杨利民等部领导参加《21世纪交通文化建设研究与实践》丛书首发式

▲《21世纪交通文化建设研究与实践》丛书部分图书

地”建设口袋丛书》，将交通运输部党组对一线工人的关心与慰问送到了施工现场。交通出版社还积极开拓包括交通书店、高速公路服务区、邮政报刊亭、网上书店等立体化的销售网点，致力于在交通运输系统建设交通书吧、运管书架、教材样书架等，旨在方便广大职工了解具有行业特色和时代特征的交通运输行业文化建设成果，服务交通运输事业发展。

▲交通运输部副部长冯正霖向一线工人赠送图书

多年来，交通出版社一直坚持诚信经营、照章纳税、节能降耗，主动安置残疾人就业，对经济困难的员工遗属给予生活补助，年年投入人力、财力参与首都绿化工程。交通出版社还积极致力于社会公益事业，每年向社会捐赠大量图书与资金，用实际行动回馈社会，感谢读者。为老少边穷地区捐书也是交通出版社常年坚持的传统，多年来，他们给西藏累计捐书几十万元；2006年，交通出版社在栾川捐建了希望小学；2007年，为栾川捐赠了十万元和众多书籍，还派了专业人员前往支援；2008年，全社员工累计向遭遇冰冻灾害和地震灾难的灾区捐款近40万元，全年向灾区和各类院校捐赠的图书总码洋超过150万元。据不完全统计，交通出版社近年来累计向社会各界捐赠的图书就超过50万册，在60周年社庆之际，交通出版社向全国十多所少数民族自治区和四川、青海藏区的交通院校捐赠价值50万元的图书，面向读者开展一系列真情回馈有奖促销活动。

▲公路水运工程“平安工地”建设口袋丛书

【展望篇】

着力实施五大战略　改革发展再创辉煌

人类文明，生生不息；文化积淀，源远流长；厚德载物，通天彻地。交通出版人薪火相传，恪守着书生意气的淳朴与真诚，激扬着敢于创新、挥斥方遒的豪情壮志。他们号准先进文化前进的方向，珍惜有限，创造无限，继续谱写出了新时代出版人崭新的文化之歌。

▲2012年10月12日，交通运输部杨传堂部长到我社调研指导工作

2012年10月12日，在全社喜迎建社60周年之际，交通运输部杨传堂部长到交通出版社调研和指导工作。杨部长在认真听取朱伽林社长、任永民书记对出版社有关情况的汇报后，作了重要讲话。他充分肯定了60年来交通出版社在交通运输行业知识传播、技术普及、文化建设、人才培养以及宣传交通发展成就、便利公众出行等方面取得的显著成绩，以及在服务中国交通运输事业又好又快发展中所做出的特殊贡献。他要求，交通出版社要在交通运输事业的科学发展安全发展中有新作为、新成效、新发展，再创出版社新的辉煌。一是要坚持正确出版方向，按照科学发展观要求，宣

传展示交通运输行业建设成果；二是要在出版物数量与质量上有新的发展，多出精品，多创精品；三是新的领导班子要有新的作为，要利用文化大繁荣、大发展和转制的东风，把出版社的各项工作推向新的高度；四是要注重人才强社，培养、储备好人才，用好人才；五是要优化经营环境，与社会建立广泛的联系。

▲杨传堂部长参观我社出版的图书

60年的成就只能说明过去，不能代表未来。展望未来，转制后的交通出版社正处在一个承前启后的阶段。在新一届领导班子带领下，交通出版人将以更好、更快、更强的姿态，以高度的历史使命感和责任感，迎接新的挑战和新的辉煌，可以说，交通出版社扬帆启程、乘风破浪正逢时。这个“风”就是党的十七届六中全会确立的推动社会主义文化大发展大繁荣之风；破的“浪”就是束缚出版业发展的一切障碍。

面向未来，交通出版社将在60年发展成就的基础上，紧紧依托和服务于交通运输行业，进一步深化和完善新阶段的发展思路，加快经营管理观念转变，加强经营管理能力建设。以业务转型为主线，更新发展观念，创新发展模式，提高发展质量，巩固提高传统业务，加快发展数字出版，积极培育新业务，推进出版转型和经营结构调整，逐步形成传统出版与数字出版并举、多元业务有效补充的经营格局。深化“转企改制”，加快机制转换，创新解决转企后面临的新问题，按照市场规则和新闻出版发展规律，继续深化以劳动、人事和分配三项制度为核心的内部改革，完善企业职工考评制度和激励制度，积极推进管理的科学化、民主化、规范化、精细化，建设与时俱进的企业文化和学习型、专业型、创新型、服务型、不可替代型组织，努力实现员工成长和企业发展同步、劳动报酬增长与生产效率提高同步。坚持把发展作为主题，坚持将持续发展能力建设作为重大战略任务，坚持走质量效益发展之路，坚持靠改革创新和技术进步驱动发展。积极参与开拓国际市场，从战略高度合理谋划走出去宏观布局，创新走出去的思路与途径，参与国际市场竞争，面向世界求发展。制定了更高的战略目标：保持国家一级出版单位资质，稳固综合实力强的科技名社地位；市场竞争力进一步提升；教育类图书出版扩大；数字出版初见成效；多元化业务力争有所突破。

为保障“十二五”发展目标的实现，交通出版社着力实施五大战略：

——差异化战略。坚持作交通特色鲜明的内容提供和信息服务者。

——数字化战略。积极应用高新技术，加快发展数字出版，与纸质出版相互促进，提升出版综合竞争实力。

——多元化战略。开展以既有资源和优势为依托的多元化业务，谋求在传统出版滞涨情况下突破发展，分散主业经营风险，实现利润来源多元化。

——集团化战略。构建集团化战略管理体系，形成集团化运作、集约化经营、产业化发展，以及制度化、规范化、科学化的管控模式。

——人才兴社战略。把发现、培养、集聚创新型人才、创新型团队、业务领军人才作为人才战略的重要任务，不断完善人才培养和使用机制，构建不同层次人才发展平台，营造人才成长环境，重视员工职业生涯指导。

60年，交通出版社描绘了“激情、创新、跨越”的发展轨迹。如今，对于已经完成转企的交通出版社来说，将自身的发展与国家宏观政策紧密结合起来，将自身的发展紧紧依托和服务于交通运输事业的发展，牢牢把握文化产业大发展大繁荣的战略机遇期，进一步深化改革，开拓创新，释放机制体制创新的能量，走专业化之路，通过调整结构、创新管理，向规模更大、效率更高的方向转型。出版业大有可为，交通出版业更有可为。

▲2012年11月16～18日，社党委中心组学习扩大会集中学习党的十八大精神

交通出版社将认真贯彻落实党的十八大精神，继续秉承“立足交通、服务交通、服务社会”的宗旨，坚持“助千万交通人成长，伴数亿出行者愉

悦”的共同愿景，践行“求实、创新、追求卓越”的企业精神和“科学、民主、规范、精细”的管理方针，深入贯彻落实科学发展观，力争早日把交通出版社建设成为“国内一流、国际知名、跨媒介”的交通传媒集团。继续努力向广大读者提供内容更新颖、特色更鲜明、品质更卓越的出版物，传承人民交通出版社品牌，致力于把交通出版社建设成为中国文化产业的百年老店，努力提高读者、作者和合作伙伴的满意度，为我国交通运输现代化事业和社会全面进步做出新的更大的贡献！新一届社领导班子将带领全社员工在新的起点上，审时度势，科学谋划，锐意进取，乘风破浪，再创辉煌。

（全文摘要刊载于2012年12月7日中国交通报）

1952~2012

人民交通出版社成立60周年

征文精选

我也真的很在乎

——听杨坤歌曲“真的很在乎”有感

杜　颖

“走过的时光就像一本书，每一步路途都写着感悟”。多少年，来不及细细阅读，因为我一直在赶路。

时值人民交通出版社建社60周年，也是我参加工作30年之际，又恰逢组织调我去交通运输部职业资格中心工作，此时听杨坤的“真的很在乎”，不禁心潮起伏，思绪万千……

30年的时光，我在出版社度过了17年。这17年是我职业生涯的绽放时期。17年前，我放弃了心爱的教师职业，以一名普通员工的身份来到出版社从事图书编辑工作。当时我对编辑二字识而不知，是汽车图书部那个团结友爱的集体敞开胸怀接纳了我，张开双臂拥抱了我。使我从一名编辑到中层干部，直至成长为出版社领导班子成员（9年副社长，3年党委副书记）。17年来，是出版社给了我成长的空间、发展的平台。

一路走来的17年，我有幸遇到了好领导、好同事、好朋友。是你们的理解与包容、关心与爱护，让我有所追求、有所实现。无论是我在工作中遇到困难，还是在生活中遇到烦恼，你们都会不遗余力地给我温暖和力量。

最难忘的是2001年9月，我遇上了人生中最重大的坎坷。不经意间，我被医生诊断患了“肺癌”。在那个谈“癌”色变的年代，面对死亡的威胁，我慌恐到了极点。是出版社的领导、同事、朋友给予我极大的鼓励和安慰，使我度过了人生中最最煎熬的日子。记得在我被抬上手术车，推进手术室的路上，是你们的一句“我们等着你”，使我坚信死神一定会离我而去，迎接我的一定是生的希望。手术后第二天，领导和同事们又纷纷来到病榻前，有的默默握着我的手，有的微笑着捋捋我的头发，有的轻轻捶着我的背，帮我训练呼吸，有的给我带来了营养品，有的耐心给我介绍术后养生常识。所有这些都坚定了我生的信心。在我出院在家养病期间，担心病情可能复发的恐惧时时袭击着我的心灵，精神背负着沉重的压力。此时我的领导、同事又及时来到家中，开导我，劝慰我，并调侃说“你没病了不能躲在家里装病，得上班去”。我深知这句话隐含着你们对我的深深爱意。不久，我以饱满的精神状态重返工作岗位。当时正是出版社改革、调整、转型时期，我又主要分管编辑和出版工作，工作非常繁忙。大病初愈的我此时更懂得时间的宝贵。我像上紧了弦的发条，把全部精力放在工作上，为出版社发展贡献着绵薄之力。说实在的，不是我不顾带着疾病的身体而忘我的工作，也不是出版社的工作离不开我， 是我渴望用满负荷甚至超负荷的工作占据我全部的身心，使我没有闲暇去琢磨疾病的可怕，是我渴望用对工作的激情和负责任的精神去驱赶我怕失去生命的慌恐，是我渴望为关心培养我成长的出版社的发展做出我应有的贡献，是我渴望与我的同事们一起奋斗的过程，是我渴望用我的行动报答我的领导，我的同事们。

我非常感激我的领导、我的同事为我营造了和谐、向上的工作氛围。这个温暖友爱向上的集体不仅帮助我度过了不是每个人人生中都会遇到的坎坷，使我健康快乐的工作和生活，还使我在工作中取得了一些成绩，培养了我的情操，磨砺了我的意志。无论是担任副社长还是副书记，我虽未做出惊天动地的大事，但我深知，我做的每一项工作都是关系到出版社发展和员工的利益。我要求自己树立大局意识、全局观念，牢记党的全心全意为人民服务的宗旨，力求密切联系群众，倾听群众的心声，讲实话、办实事、坚守原则、公道正派，以饱满的精神状态投入工作之中。

回首过去，我和交通出版社风风雨雨一路同行。在“助千万交通人成长，伴数亿出行者愉悦”的行进中，我和出版社共同成长。我亲历的这17年，交通出版社不断发展壮大并一步步走向繁荣，我庆幸我是见证者又是参与者。这当中，我自己也承受住了命运对我的生死考验，我也同样庆幸我自己挺过来了。在此，我还要感谢我的亲人，在灾难来临时，是你们的爱让我紧紧抓住生命不放。我想告诉所有人：爱和责任可以创造奇迹创造希望！

这17年，无论是我的事业还是生活都让我难以忘怀。

今天，我满怀眷恋，依依不舍地写下这篇忆文，我要感恩出版社，感恩我的同事，感恩我在出版社的知己。

“回首来时路，我真的很在乎”。我知道泪有多咸，笑有多甜，可能有错过，但更多的是收获。我会收藏和珍惜，因为我也“真的很在乎”。

（作者系人民交通出版社原党委副书记兼纪委书记，
现任交通运输部职业资格中心副主任）

建一流的交通史书编撰出版基地

——访人民交通出版社原社长、交通史学专家魏启宇

张征宇（人民交通出版社综合出版中心主任，以下简称张）：魏老，编撰出版交通史书有何历史意义？第一轮交通史编撰出版取得哪些成果？

魏启宇（以下简称魏）：盛世修史，十一届三中全会之后，随着经济建设高潮的到来，也带来思想文化的解放，全国性的编史修志工作也随之全面展开。在这一历史背景下，交通部发动了交通史书的编写出版工作。在上世纪80年初，先后向各省交通厅、各港航企事业单位发出编写中国航海史、中国水运史、中国公路交通史的文件，相应地成立中国航海史研究会、中国公路交通史编委会，具体负责领导推动全国交通史书的编写工作，并由交通部几位在职的部领导分工主管。其中航海史、水运史编写工作由彭德清部长、贺崇升副部长领导，公路交通史先后由潘琪副部长、王展意副部长领导。先后召开了全国性的水运史、公路交通史编写工作会议。此后，交通系统的编史工作就全面展开。

为什么要编写交通史书？它有什么历史意义和价值？我个人和交通行业的领导和编史人员，对此都有一个逐步深化的认识过程。

文化是民族的灵魂，历史是文化的核心。党的十七大报告中指出："当今时代，文化越来越成为民族凝聚力和创造力的源泉，越来越成为综合国力的新要素。"加强我国社会主义先进文化的建设，对增强综合国力，增强民族的创造力和软实力，具有十分重要意义。

西方著名历史学家汤因比说过，全人类中曾经有26种文明，有的说有64种文明，但是多数文明现在已经淹没消亡了。原因何在？有的文明如"印加"文明就没有文字，多数文明没有记述历史的书籍。有句名言："一切历史只是写下来的历史。"没有写下历史的文明，后人也就不知其详了，文明也未能传承下去并逐渐消失了，甚至整个民族也被溶合、同化了。中华民族有5000年文明，连绵不断，其文化和民族精神有很强的生命力，这要归功于历朝历代留下来的浩如烟海的历史书及其所记述历史过程、思想哲理和自强不息的民族精神。所以说：历史是文化的核心。

西方文明也有其特点和优良的传统。英国人就说过：我们宁愿失去印度和英国国王王冠上的明珠，而不愿失去莎士比亚。中华文明产生了司马迁、司马光、鲁迅等史学与文学的巨匠。他们为中华文明增光添彩，是中华民族的瑰宝。

从宏观到微观，从全局看局部，我们就可以理解编写水路交通史书的意义了。

编写中国交通史书的作用在于：记述千百年来交通事业发展的历史进程，记述交通事业从古至今历史上的工程奇迹、运输伟业、建设壮举。记述古往今来交通从业人员顶狂风、战恶浪、艰苦奋斗、团结协作所创造的业绩和精神，记述历史上以郑和为代表的一大批杰出的航海家和交通事业建设者的丰功伟业。梁启超就说过：郑和是国史之光。最近美国《时代》周刊发表文章，称赞郑和是中国与世界和平的一个象征，他是 位友谊大使，他不伤害仜何人。郑和的光环，可以提高中国工在萌发的软实力。

我们已经撰写的交通史书和将要撰写的交通史，既是一种事业发展史，也是一种文化和精神史，我们将从历史中吸取历史唯物主义和爱国主义的可贵教益和精神力量。并透过交通事业发展进程反复的历史现象，从中总结正反两方面的历史经验，鉴古知今，古为今用，开创更为辉煌的历史新篇章。

交通史书的编撰出版工作，至今已延续30年，取得丰硕的成果。交通史书分两大类，即水运史和公路交通史，其中主体部分是中国水运史丛书、中国公路交通史丛书。这两套丛书共约200本、6000万字。未列入丛书的还有中国航海史，郑和下西洋（6本），各地市、县交通史，中小型港航企事业史，等等，共有几十本。长江航运系统共编写出版的史书就有54本，1400万字，其中只有一部分史书是在人民交通出版社出版的。

中国地方志书的编纂有着悠久的历史传统，我国现存最早的地方志，是公元813年唐代李吉甫编的《元和郡县志》。上世纪80年代初，我国全面展开地方志的编纂，国务院还发布过《地方志工作条例》。各地编纂地方志中，都包括公路志、航运志、港口志等。这些交通志书多数是在当地出版社出版，也有少部分送到人民交通出版社出版，共计约有50来本。

上述交通史书、志书，经我手审定出版的约有100本。我最后审阅的一本史书是2009年出版的《朝阳市交通史》，最后审阅的一本志书是2010年出版的《山西省公路志》。

张：新时期编史工作有哪些特点？交通史在我国行业编史方面所处的地位如何？

魏：新时期史学的研究和史书的编撰，相对于传统史学来说，有其自身的特点。

首先是中外传统史书的编撰，基本上局限于政治史，史学政治化，历史典籍主要记述一个时代的政治活动，几千年一脉相承。这在欧洲也有同样现象。19世纪末，在欧洲史学界曾经出现过一场大的争议，争论的题目是史学研究的范围是什么？以兰克派为代表的政治史学派认为，史学固有研究的对象是政治，以布克哈特为代表的文化史学派则认为，政治史只是文明史的一个方面，除政治外，其他如艺术、法律、经济、技术等等都应该属于史学研究的范围。争议的结果，使史学研究及史书编撰突破旧有狭小的范围，使史学研究出现多样化的繁荣局面。我国在“五四”运动之后，也开始出现一些文学史、经济史、交通史等类的专业史书。交通史方面有龚学遂的《战时交通史》、白寿彝的《中国交通史》、冯承钧的《中国南洋交通史》等几本，内容单薄，每本书也只有十多万字。新中国成立后，交通史的研究和史书的编写有所开展，但发展缓慢，交通史著作屈指可数。只是在改革开放后，推动史学的研究向广度和深度演变，也推动交通史书大范围地开展起来。

其次史学著作，有通史和专史之分，通史是关于一个国家、一个民族或一个地区的政治、经济、文化、军事、科技等方面综合性的叙述。专史是关于某一行业和某一领域、某一专题的专门性的阐述。通史反映历史的全局，专史反映出历史的局部或一个侧面。交通史是一种专业史，也是一种经济技术史。交通运输业的主要职能是进行客货运输，是国民经济的一个组成部门，所以说它是一门经济史。另一方面，交通的发展，离不开道路桥梁修建、汽车修造、航道、港口、船舶的建设，这些都属于工程技术范围。具体到各部交通史书的属性又有所不同，如油运史，则完全属经济史，桥梁史则是技术史，中国航海史则是一部经济技术史。

第三，交通运输业涉及面很宽，特别是进入现代，各种关系更为错综复杂，研究交通史学、编撰交通史书，同样与各种学科存在交叉、融合的关系，认识和掌握交通史与其他学科的关系，有助于我们从事交通史学的研究，编好交通史书。一是交通史与交通运输经济学，它们是相互联系又有区别的。交通史是从纵向阐述交通运输业发展的历史过程，交通运输经济学是从横向叙述交通运输经济的理论结构。在编撰交通史书时，不可对交通业的名词以及运输理论解释过多，主要是扣住交通事业发展历史的主题。二是交通史与历史地理学。我国传统史学中，对历史地理学的研究著述不多，近代以来，出现了不少名著，如谭其骧的《历史地理图集》，朱鉴秋、李万权的《新编郑和航海图集》等。编写交通史，既要有严格的时间概念，也要有准确的空间概念，熟悉历史地理学，是我们编好交通史书的一个必要条件。三是交通史与考古学。我国考古学在近代特别是建国以后取得很多新成果，编撰交通史书，要充分利用有关考古成果，必要时，也可以直接进行考古和实地踏勘。如陕西省榆林县交通局为编写《榆林县交通志》的需要，编史人员经过实地考察，搞清了秦代所修筑的“直道”在榆林地区的线路，填补了历史研究上的空白。上一轮编史过程中，进行了多处考古工作，颇有成效，今后还应重视这一工作。

第四，历史结合现实的研究。承先旨在启后，继往为了开来。研究以往的历史，归根到底是为了开创新的历史。我国传统史学，也曾提出“述往事，思来者”的观点，我们在新的历史条件下编史，更应该重视为现实服务的问题。一是指导思想的启示，例如明成祖的对外开放政策，派郑和七下西洋，扩大经济文化交往，促进国家海洋事业及海洋文明的发展。二是吸取历史上制定政策以及执行政策的经验教训。例如招商局在历史上曾经一度实行单船承包制，结果因承包者大量夹带私货和偷漏运费而以失败告终。三是体制管理上的经验教训。例如沿海港口由地方管理或由交通部直接管理，几上几下，经验教训很多。四是交通运输规划布局。历史上道路、驿运、港口、公路网、航道网的布局，可以从历史上找出其发展的轨迹，为现实提供参考。此外，关于运输组织、工程建设、交通技术等等方面的成败得失，历史与现实都有着一定的联系。史书是以研究过去为起点，以服务现实为归宿，从而更加丰富史书的内容，提高史书的水平。第一轮编史中，有不少史书如《秦皇岛港史》、《上海港史》、《甘肃公路交通史》等，在这方面做得都是比较好的。

我国各行业的编史工作都是在改革开放之后兴起的，我见到第一本专业史书，是水利出版社于1979年出版的《中国水利史稿》上册。此后，水利行业陆续展开史书的编撰，出了不少史书，如《黄河水利史述要》、《松花江水利史》等。其他如铁道、邮电等行业，也编撰出版过不少各行业的专业史，如《中国铁路史》、《中国邮驿发展史》、《中国邮电发展史》等等。各行业还相应成立负责组织推动编史工作的机构，如过去的邮电部成立有“文史办公室”，水利部成立有“水利史研究会”，我与该会的研究人员还曾经进行过交流。交通史书的编撰无论编史延续时间、编史范围、出书数量，在各行业中均处于领先地位。交通史编史时间已延续30年，现在又在开展第二轮的编史工作。编史范围基本上涵盖各省、各重点企事业单位，还有郑和下西洋、江西苏区运输史等专题性的史书。出书数量也较其他行业要多。总之，这是交通行业在新时期进行的一项重要的文化工程，功在当代，利在千秋。

交通史书，从历史学的角度看，与其他史书是有共性的，它都是反映历史发展过程，都有存史、资治、教化的社会价值。但交通史又有其特殊性。从宏观上看，世界文明和中国文明的发展都与交通运输的发展关系密切。人类古代文明如埃及文明、印度文明、巴比伦文明，大都起源于著名的大河流域，中国文明起源于黄河流域，主要是由于这些河流有灌溉舟楫之利。道路交通，有人类就有道路，它对世界文明和中国文明的发展有极其重要的作用。1958年国际上举行过一次学术讨论会，议题是“道路汽车化对世界文明进步的影响”。有人说：现代的文明就是车轮上的文明。可以说，交通是人类经济生活和社会生活以至于一切文化活动、军事活动的基础，是一切人类政治社会和经济结构的基层结构，是一切文明建设踏脚石，是人类社会发展的必要条件。从而也就决定记述交通事业历史发展进程的重要性。从古至今，各个行业都是社会结构中的重要组成部分，其所编撰的史书同样有重要的历史价值，但交通行业更有其特殊性，我们在研究交通史学、编写交通史书时对其要有充分的认识，进行必要的、充分的阐述。

张：人民交通出版社在第一轮交通史编撰出版过程中发挥哪些独特的作用？交通史书的编辑出版对人民交通出版社的发展有何影响？

魏：交通史书的编撰和出版，是相辅相成的两个重要环节。人民交通出版社在交通史书编撰出版过程中发挥了独特的作用。

首先，是参与策划推动以及具体组织领导工作。这方面的作用主要体现在《中国水运史丛书》编写过程中。1979年召开中国航海学会第一届代表大会上提出编写出版《中国航海史》。会后，航海学会副理事长周启新到人民交通出版社找我们商量，我们表示完全支持。从提出编写《中国航海史》以及见到《中国水利史稿》出版之后，我们就提出应该编写一整套中国水运史丛书的建议，这一建议得到交通部领导的同意，特别是彭德清部长对此十分重视。为了推动领导全国水运史书的编写工作，是成立一个编委会还是用别的名义？我们认为应借鉴水利部成立水利史研究会的经验。出版社向部建议，在中国航海学会下面成立“航海史研究会”，具体负责推动和领导水运史丛书的编写工作。出版社的同志参加研究会成立的筹备工作，起草了研究会的章程，参与酝酿研究会领导成员组成的名单。1981年10月，在杭州召开的中国航海学会年会上，正式成立中国航海会研究会，由交通部贺崇升副部长担任研究会的主任委员。水运规划设计院院长王大勇担任第一副主任委员，负责日常组织领导工作，人民交通出版社原副社长丘克辉担任研究会副主任委员，后由我接任副主任委员。直至1996年，水规院都是航海史研究会的挂靠单位。1986年初王大勇同志去世，我曾代理过第一副主任委员，在贺副部长领导下，全权负责研究会的日常工作一段时间，后仍转给水规院负责。1997年，航海史研究会挂靠人民交通出版社，贺副部长已退出一线，由高镇都社长担任航海史研究会主任委员，直至2007年研究会转

给大连海事大学主管。由上可见，出版社在具体推动组织领导史书的编撰工作中，发挥了重要作用。

其次，交通史书写什么？如何写好？涉及一系列史学理论和编史方法问题，出版社与航海史研究会及公路交通史编委会合作，提出很多有益的意见，对编好交通史书起到一定的指导作用。编写交通史书，涉及以下一些问题：一是编史的指导思想和原则；二是史料的收集与整理；三是史书应包含的基本内容；四是史书的时间断限，交通史一般要求从远古写到现代，从远古至1840年为古代史，1840年至1949年为近代史，1949年新中国成立以后为现代史；五是史书的体裁体例的统一；六是交通史书的性质和特点；七是史书的篇目设计；八是史与论如何结合；九是对重点、难点、疑点问题的处理；十是对史书文字表述的要求等。为解决这些问题，交通部、中国航海学会、公路交通史编委会发过文件，部领导有过多次讲话，开过多次编史工作会议和学术讨论会，交流经验和意见，也请历史学专家讲过课，我们出版社的同志也在各种会议和杂志上发过言或发表过文章。我个人也做出过一些绵薄的贡献，在会上发言有过几十次。还写过一本关于交通史学理论方面的书，书名是《交通史学概论》，兰州大学出版社1990年出版，此外，我在报刊上发表的文章有多篇。书中和文章中提出观点，基本上为交通史学界所认可。在编史过程中，对有些问题也出现过一些分歧，走过一些弯路。出版社对交通史书的体裁，提出统一采取编年章节体， 并将这一体裁归纳为16个字，“以时为经，以事为纬，编章分期，节目分类。”但有的公路交通史书，采用一种史志不分的混合体，将史书的内容分为三大部分，又称“三大块”，即历史综述、专题论述、分项论述，形成一个横向叙述大于纵向叙述的结构。这是1985年在太原会议召开的编史会议上发现的，与会的同志对此提出质疑。我与石道全代表出版社参加了这次会议，我们力主改变这种“三大块”的写法，我在总结会上作了一个长篇发言，支持会上编史人员提出的史与志的写法应有区别的意见，力陈交通史书一律要采用编年章节体。会后，部编委和出版社的同志向王展意副部长汇报（公路交通史编委会主任）。王副部长明确表示同意采用编年章节体，也可加一点专题，从而确定了公路交通史书编写体裁及编写内容的走向。

第三，关于在编史过程中交通史书审稿的问题。为了保证交通史书的质量，我们对交通史稿采取多层次审查。首先是史书编写篇目的审定。一部史书的篇目设计很重要，它是一部史书的纲，纲举则目张。篇目设计是否得体，将直接影响一部史书的质量，需要认真筹划，精心安排。就如同建筑一栋房屋一样要精心设计，设计不好，后患无穷。一些重点史书的篇目纲要，都要拿到北京来审查，由出版社与航海史研究会或公路交通史编委开会讨论审核。有的做部分修改，也有被全部否定的。审定的篇目不是一成不变的，编史人员在撰写过程中还可根据实际情况进行调整修改。对交通史书书稿本身的审定采取三审制，即编写单位自审，邀请内外部专家讨论审查，最后送航海史研究会、公路史编委会与人民交通出版社终审。我们出版社很重视二审，不少审稿会特别重点书的审稿会，都有出版社的编辑参加。编辑工作很忙，一年到头各处奔波。我个人参加的审稿会、编史工作会议、学术讨论会就有几十次。仅《中国航海史》就有十余次，《中国船舶检验史》有6次。我们的编辑同志在审稿会上一般对史书内容、体裁体例、论述的观点，都能提出一些中肯的意见，发挥一定的作用。编辑同志提前进入史书编写情况，就为最后对史书进行编辑加工提供了有利的条件。

第四，史书的编辑出版。这是交通史书成书的最后一个环节。也是保证史书质量很重要的环节，这是完全由出版社独立完成的，我们必须精心编辑加工、精心印制出版。交通史书在编史过程中虽经多次审查，但仍在内容取舍、篇章结构、文字、体例等等方面，或多或少存在一些问题。出版社本身有三审制，编辑同志在这一过程中，工作都很敬业，能够改正史稿中的不少问题，补了很多漏洞，最后出版的史书，质量基本上是能保证的。我个人加工、复审、终审的史书不少，对书稿的问题多数都有纪录，后来我写了一篇文章，题目是《史稿记瑕》，将所发现的错漏归纳为12个问题，这些可供后来的年轻编辑同志参考。

大量交通史书的编撰出版，使人民交通出版社出版图书结构和机构人员都有所改变，引起领导部门对人民交通出版社的重视，在交通行业和学术界建立了广泛的人脉，提高了人民交通出版社的品牌效应，提升了人民交通出版社的知名度。在人民交通出版社60年的历程中，大量交通史书的编撰出版，是一件大事，是一项大的出版工程，对人民交通出版社的发展有着重要意义和影响。

首先是出版图书结构的变化。在上世纪80年代前，人民交通出版社完全是一家科技出版社，出版的图书的基本上只有交通科技、交通专业书，交通人文方面的图书可以说凤毛麟角。自80年代后，大量交通史方面的图书列入出版议程，如前所述，出版的史志书在250种以上，约7000万字。科技书由于技术的日新月异，生命力都较短，出版社几十年来出版的成千上万种交通科技书，随着时移世易，大都被不断淘汰和更新。而出版的交通史书，有很强的生命力，多将成为传世之作。由于出版交通史书，人民交通出版社编辑人员都有所调整，成立了综合编辑室，充实了一批学历史、中文方面的编辑，他们与学理工科的编辑，在专业上及工作上有某种互补性。此外，这些交通史书的出版，全是由各编史单位带钱出书，每本书的纯利润，多则几万元，少则有几千。人民交通出版社在经营上，可以说是旱涝保收。

其次，自从人民交通出版社参与组织推动并承担交通史书的编撰出版工作以来，得到交通部领导进一步的重视。交通部领导多次来出版社跟我们商谈有关推动史书编撰和出版事宜。彭德清部长就来过出版社三次。作为一个正部长这样频繁地光顾交通出版社，这在出版社60年的历程中是没有的。1983年初，彭部长还与贺副部长一起来出版社，还将交通部编制办公室主任也带来了，指示我们要成立一个专门出版交通史书的编辑室。当时出版社的编制机构设置，是要经交通部编办审批的。彭部长为编史书之事，还亲自到过我家里，要求我花较多精力，抓好史书的编辑出版工作。为推动交通史书的编写出版，在上世纪80年代初期用交通部的名义发过6次文件，要求各省市及部属一些重点单位开展史书的编写。还专门发文，规定各部交通史书一律在人民交通出版社出版。以上说明，交通部对交通史书编撰的重视。对交通文化建设的重视，也相应地提高了人民交通出版社在交通行业的地位。

第三，在交通史书编写出版过程中，提高了人民交通出版社的知名度，产生了良好的品牌效应。上一轮参加编史的单位有各交通厅以及各重点港口，直属的长江航运局、中远公司、招商局等单位。各编史单位都成立由一、二把手负责的编史委员会，下面设有编史办公室，全国参加编史工作的人员高峰达到约2000人。仅长航系统就有40个编写组，编史人员超过400人。人民交通出版社在编史过程中，通过开会和审稿以及平时工作的关系，与各单位的领导和编史人员建立广泛的联系。1986年由我主持的在四川召开的一次全国水运行业和长航系统联合的编史工作会议，就有6个交通厅厅长或副厅长参加。出版社综合编辑室的各个编辑，都有其联系一个编史人员的群体。我个人与编史人员联系的面也较广，交了不少朋友。有一年春节，湖北有一位航运局副局长刘宇，是

湖北省航运史的编史人员，那时他已经中风，说话已口齿不清，仍给我来电话问候，感人至深。我参加史书编辑出版工作已延续30年了，已86岁，过去的熟人不少已经去世，时光易逝，物是人非，但对过去的合作者、文友、朋友，在我心中仍留下深深的记忆。人脉，是一种资源，是一种友谊，在工作上是一种相互帮助的关系。例如，厦门大学、四川大学、大连和上海海事大学等大学的教授，有的担任顾问，有的直接参加编史，有的讲课，对编史提供有益的帮助。水规院院长王大勇、长江航务局的副书记马志义以及不少编史人员在工作上都给予我很大的支持和帮助。总之，自从开展全国性的交通史的编写出版工作以来，人民交通出版社与各方面的联系更多了，人脉更广了，领导更重视了，知名度更高了，牌子更亮了。这是出版社历史进程中出现的一种好事情，是一种新气象。

张：您认为做好交通史书的编辑出版工作，编辑人员应具备哪些素质？

魏：一个好的出版社，一定要有一批好的编辑。做好交通史书的编辑，与一般图书的编辑有其共性，也有其特性。古人说：“文士易得，良史难求。”同样，做一个史书编辑也是不易的。根据我的体会，交通史书编辑应具备三方面的素质。

一是知识结构的要求。交通史书是一种历史学著作，是一种文史方面的书，属于文科的范围。另一方面它又是交通行业的专业史，具有经济史、技术史的性质。出版社的史书编辑从一开始就要参加史书篇目的审定、史书稿的讨论审查，以及最后编辑加工定稿。因此，作为编辑需要有历史方面的知识，对交通专业知识也要有一定的了解。古代的学科分工较粗，人以通才见长，而近代学科分工精细，人以专才取胜。尤其是在信息时代，学科间相互交叉，因而又在专的基础上出现综合化的趋势，使得对人才提出了更高的要求，即在专的基础上达到通才的知识结构的要求。精一书而通群书，精一行而晓多行。我们史书编辑可以是学文史的，也可以是学理工科的，但要扬其所长，补其不足，多读书，多吸收知识，达到一专多能，对编辑工作本身的知识和技能更是必须具备的。具备这样的知识结构，在加工和审核史书时，才能得心应手。

二是工作能力的要求。我这里讲的是思维能力、文字语言表述能力和与人交往的能力。做好史书的编辑工作，实际上也是一种史学研究工作，知识是基础，思维是手段，表述是目的。参加学术讨论会、史书审稿会以及最后的编辑加工定稿，我们要动脑筋，要思考问题，要发表意见，这就要求有思维能力和语言表达能力。最后是对史书文字加工，不仅是改几个标点符号，在体例上做些调整，而且要对文字进行必要的润色修改。“灵府生智慧，功夫在笔端”。编辑同志在文字上要有一些功底，就能帮助作者进一步提高史书的文字水平，提高史书的质量。此外，在交通史书编撰过程中，会议很多，学术交流活动频繁，与人的交往密切，编辑要有一种组织活动能力和善于与人打交道的能力，与史书作者、专家学者、领导同志交往要融洽，这对做好史书的编撰出版以及今后长期的合作是有帮助的。

三是工作态度的要求。六个字：勤奋、细致、敬业。勤奋，包括勤于编辑书稿，勤于读书，勤于写作，后者可以量力而行，因人而异。但年轻编辑，有时间能多动动笔，对提高工作能力是大有好处的。其次是认真细致，我做编辑工作多年，深刻体会到，编辑加工或审核书稿，一定要聚精会神，字斟句酌，兢兢业业，仔仔细细。要重视史稿数据的准确性。我曾经就发现一部史书有30多处数字上错误。遇到书稿中的疑难问题，要勤于查找资料，或请教他人。我做编辑工作时，经常跑资料室、图书馆，曾经为写《中华海魂》一书，为了查找资料，在北京首都图书馆待了将近一个月。当然，对一般体例、标点等问题，也不能马虎。关于敬业，前述两点均属于敬业范畴。此外，还要虚心、专一、踏实、创新、甘于寂寞、忠于职守等。

过去从事交通史书的编辑是优秀的，有的老编辑如卢其昌、徐澄清、石道全等已经离开人世，他们与我合作得很好，很融洽，我很怀念他们。我还要感谢出版社的老书记刘毅、老社长胡士翔、老副社长丘克辉，他们在交通史书编撰出版工作创业的初期，对这一工作的重视和支持。我希望新一代的编辑，能够青出于蓝而胜于蓝，在史书编辑工作岗位上做出更好的成绩，有的还可以参加一些史书的编写，或自己独立进行交通史学研究、写文章、写书，成为学者型的编辑，天道酬勤，经过勤奋努力和知识的积淀，就可能脱颖而出，卓然成家。

张：谢谢您接受我的专访。

我和“出版”有个约会

尤晓晞

1952年12月8日，是人民交通出版社成立的日子。白驹过隙，时光荏苒。2012年12月8日即将迎来她60周岁生日。为了庆祝这一光辉的历史时刻，我社组织了“我们共同走过”大型征文活动，作为一名与出版有缘的人，十分迫切地想与大家分享我与人民交通出版社相识、相知与携手的点点滴滴。

【壹】·相识

我和人民交通出版社的关系，也许要追溯到1988年。

那一年夏天，我参加了一年一度的高考，在当年的9月份进入了重庆交通学院道路工程系学习，当时学习的是公路与城市道路工程专业。由于在进入大学之前对交通的了解并不多，所以这个学科对于我来说还是一个未知的领域。

大一上学期的课程中，有一门重要的基础课程《道路工程制图》，当时我们所使用的教科书就是人民交通出版社出版的，第一次对人民交通出版社出版的图书有了初步的认识。通过了解，知道了人民交通出版社成立于1952年，是我国交通专业图书最为权威的出版机构；通过了解，知道了人民交通出版社从上世纪50年代译介外版著作、编辑出版杂志，到60年代后期的业务基本停止和70年代初的逐步复苏，再到80年代后的探索奋进的业务发展历程；通过了解，知道了几代"交通出版人"筚路蓝缕，孜孜以求，用自己的艰辛和智慧，开创了有交通特色的出版事业；通过了解，知道了人民交通出版社积累了珍贵的实践经验，沉淀了厚重的企业文化，赢得了业界和读者的广泛认可与赞誉；通过了解，知道了人民交通出版社有一大批图书荣获国家、教育部、交通运输部的奖励，连续几届被中宣部和新闻出版总署授予"全国良好出版社"称号，被新闻出版总署评为"讲信誉、重服务"出版社。

《道路工程制图》是我国同济大学著名的郑国权教授编写的。通过学习，知道了《道路工程制图》是第一门体现工科特点的入门课程，工程图样是工程界共同的技术语言。掌握合乎规范的制图能力是工科学生的看家本领之一，也是社会衡量一个工科毕业生的试金石之一。也正是从这本书的学习开始，我就与人民交通出版社结下了不解之缘。

【贰】·相知

光阴似箭，四年的大学生活让我和交通版的图书有了更亲密的接触。由于所学的专业是公路与城市道路工程，在大一的上学期，学的几乎都是基础课程，从大一下学期开始到毕业，所学课程使用的都是交通版的教材。从《基础工程》到《桥梁工程》，从《公路勘测设计》到《隧道工程》，如今细细想来，大学期间学过的每一本书都承载了我大学四年最真、最美好的记忆。

泰戈尔曾说：“进入书，我们伫立在千百条道路的交叉点上。有的路通往无边的海洋，有的路通往绵延的山脉，有的路向幽深的心底伸展。不管你朝哪个方向奔跑，都不会遇到障碍。在这个小小的地方，软禁着人的自我解放。”时间匆匆，四年的学习转瞬即逝，唯有书默默地在身后支持着我。寻觅往事，历历在目，万千情结交织，似在眼前。由于我出身于皖北的一个贫穷小山村，直到现在我所在的县城还是安徽省贫困县之一。在我的童年记忆中，仿佛搜索不到什么温暖的画面，相反，每当我回首往事，脑海中总是一幅幅泥泞、寒冷的黑夜场景。那个时候到底有多穷，我已经记不起什么可靠的数据了，但是我知道那时没电，家家都是昏暗的煤油灯，住的都是用茅草和泥盖起的房子。童年的学习与生活就是在这样的环境下。最主要还是吃饭的问题，最基本的温饱问题也是赶上好年景、风调雨顺庄稼收成好才行。不过好像年年都要经受旱涝灾害，所以吃野菜是童年的必修课。那个时候最喜爱过年，因为过年就可以吃到肉，还可以吃到一些其他的水果和糖果。好在终于考上了理想的大学，并且很幸运学了交通类专业，又接触到这么多交通类的图书，有的都是惊喜与激动。

对我来说，读专业书是一种享受，我想这种享受不是每个人都能体会的到。能享受到读专业书的乐趣依我看来也需要缘分。缘深，似乎成了书呆子，愚不可及；缘浅，则开卷无益，掷书而茫然。而于我，却醇香适当，恰到好处。至今，我还保留着大学四年读过的每一本书，忙里偷闲，还会在书架前伫立良久，每每翻看，都会有些许的回忆与感动，或许这些就是我在青涩、懵懂的岁月里读过的最好的书。

1993年7月大学毕业，我被分配到北京交通管理干部学院工作。由于以前没有来过北京，所以对北京还是非常向往。蜿蜒盘旋于崇山峻岭间的长城，紫气腾聚、如诗如画；神秘肃穆的天坛，是“天人合一”思想在建筑上的完美体现，人与天的沟通，仿佛因此而更加顺畅；拥山抱水、气象万千的皇家苑囿颐和园，在穿越了漫长而苍凉的历史后，依然芳华绝代，挥洒着无尽的魅力；鳞次栉比的高大建筑、四通八达的宽广道路以及在辉煌文化映衬下的城市景观，显露出北京勃勃的生机、和谐持续的无尽动力。可是真正到了北京才发现，单位的工作地点却在河北省燕郊开发区。那里离北京很远，单位周边都是玉米地，交通不便，也没有公交车。眼前的种种，让我感到曾经精心设计的美妙未来，曾经细致描绘的多彩人生，却以自己始料不及的另一面呈现于眼前。

刚参加工作的那一年，迷茫、惆怅一直包围着我。可是作为一名专业课的教师，讲好课应该是最基本的要求。于是，我开始重新思考人生。因为思考，所以有了一份宁静淡泊的心态；因为思考，所以有了一番对工作的重新规划；因为思考，所以有了一种遨游书海的雄心壮志。我上课之余，几乎都是在图书馆度过的。那些年，我开始阅读了许多交通版的教材与科技著作。不知不觉中自己的讲课效果和能力有了很大的提高。现在回想起来，或许就是交通版图书的力量吧。

1996年，经过熟人的推荐，我成了一名人民交通出版社的社外加工编辑。那时的稿件挺多，每每从出版社取回一本，我就迫不及待地利用一切可以利用的时间，认真地进行加工和编辑。说真的，我享受这份学习的过程，珍惜出版社给予的机会。同时，也真正地感受到成为科技编辑的基本功：首先应该是博学。作者要长于专深，而编辑要长于广博，也就是我们平时所说的要成为“杂家”。如果编辑不具备深厚的文学功力，就不能确定作品的风格；不了解一定的科技专业知识，就不能判定一部作品在一定领域中的位置；不具备一定的美学知识，就不能为一部作品在色彩语言、装饰语言、字体语言上定位等等。其次是通识。一名合格的科技策划编辑，不能只是机械地学习文化知识，而应该将知识融会贯通，既要通学识，又要通世识；既能够从全局看到局部，又能够从局部透视全局。要融会世道和学道，不能为自己的成见所蔽，混沌不清。第三是专能。编辑应精于“编辑语言”，精于写作的能力和以编辑语言表达思想信息的能力。只有精于“编辑语言”，才能为图书产品在市场上确定好位置，才能真正实现其应实现的价值。

有了这样的认识，加上我的笔耕不辍，在2002～2010年的8年时间里，我相继公开出版了《现代道路路基路面工程》、《现代道路勘测设计》、《公路工程》、《现代交通工程学》、《高速公路路面养护工程施工监理实务》、《土力学》、《道路工程概论》、《公路养护与管理》、《交通建设工程环境保护监理考试指导与模拟题解》《一线工人必读》等20余部专业教材和技术书籍，圆了我的出版梦。

【叁】·携手

2010年10月，我从交通运输部管理干部学院调到人民交通出版社工作，随之我与出版真正结缘。之前，一直从事教师工作的我，对于出版和编辑，虽有点认识，但始终感觉还是个典型的门外汉。无论从概念上还是从感情上，似乎都突然觉得有些陌生，甚至还有些遥远。然而，也许是由于多年来我对书的独有情结，或多或少地拉近了我与出版的感性距离。

在人民交通出版社工作的这段时间，似乎时间过得很快，感觉每一天都很忙碌，也经常会感受到那种因工作忙碌所带来的充实感和喜悦感，每天的忙碌让我感到了特殊的生命意义与价值，出版和编辑对我来讲意味深刻，我突然觉得，从此，我已经真正属于出版了……

2011年8月15日至8月26日，我有幸参加了中国版协科技出版工作委员会主办的第七期全国科技出版社策划编辑培训班。十几天来，那一双双如

饥似渴的求知双眸，那一幕幕与我交换过的粲然微笑，那一句句满溢关切之情的谆谆教导，教我无论如何也不能够也不会把这所有的一切淡淡地吹散，默然地忘记。每一次课下来，我的内心总是被一种美妙的东西充盈着，让我很满足，很愉悦，也很充实，犹如美餐后的那种舒适与惬意，让我沉浸其中，回味余长。

记得中国近代出版第一人张元济曾说过："盖出版之事业可以提携多数国民，似比教育少数英才为尤要。"足见我们所从事出版工作的意义。正是因为这点，我更要端正自己的工作态度，树立自己的责任意识。在社里，曾听过一位同事对编辑做过这样一个比喻，听后很感动。如果说作者给了图书生命，那么编辑则如同产科医生，是新生儿的守护天使，对他们的安全诞生起着重要的作用。编辑在图书出版过程中承担的责任决定了他对图书必须像医生对待新生儿一样，必须全力以赴地保护他，我很荣幸踏入了这样一个行业。

我深知，作为一名策划编辑，是需要有对书籍发自内心的喜爱。策划编辑通过自己的创造性劳动把好书呈现给读者。我认为，呈现本身，就是一件崇高而美妙的事情。只有热爱编辑职业，你才能变得专业。在他们的生命中，对于出版，是倾注了无限忠诚的热爱。正是这种爱的力量，使他们能够不辞辛苦，敢于挑战，勇于开拓，不断为社会大众提供健康向上，符合时代潮流的精神产品和知识食粮，引领人类的文明和社会时尚。而这，正是我加入出版行业的魅力所在，也是热爱的源泉。

同时，我认为要做一名合格的策划编辑，还必须具备以下四种意识：一是要有全局意识。全局意识在编辑意识中占有极其重要的地位。全局意识是编辑人员政治意识的具体体现。编辑应自觉树立全局意识，做到心系大局、服从大局，在编辑出版工作中涉及重大原则问题时，都应同党中央保持高度一致。二是要有超前意识。编辑在思想和文化知识方面不断更新，淘汰旧我。只有站在时代的前沿聚焦前方，以超前的理念认识世界，才能具有编辑职业的敏感性，主动积极地接受新的信息，并能快速、准确地鉴别、判断新信息的价值，成功策划选题，编出好书。三是要有组织与沟通意识。编辑要把与读者、作者的沟通交流当作自己的需求和乐事，编辑只有长期保持与读者沟通渠道的畅通，及时了解受众的需求，才能策划好选题，加深与作者的感情。四是要有责任意识。编辑的责任意识须贯穿于编辑工作的全部过程，包括策划选题、组稿、设计版面，甚至校对，编辑都要绷紧责任这根弦，反复推敲，编辑加工过程认真仔细，总之，尽力把差错消灭在成书之前。一本图书的质量，到底关系着多少人、多少问题，每一个人身上都有一份沉甸甸的责任。我深深体会到，自己对书稿的任何一个改动都关系重大。一个数字、一个标点都可以影响读者对书中所述之意的理解。一本质量不合格的图书，对读者的影响是永远都无法弥补的。这些都提醒我在今后的工作中，要认真严谨地对待每一本图书、每一个细节。

回首走过的日子，简单，充实，多彩，快乐。一路走来，感觉书香一直跟随我左右。轻轻抚摸书中的脉络，细细品味书籍的内涵。那行云流水的语句，雨花缤纷的意境，让我着迷，唤醒了我沉睡的心灵，像花瓣绽放在春阳中一般，我愿和出版永远相伴，与书香相随。

如果说出版是一片深林，那么我只是摘了一片绿叶，藏于书桌间。

如果说出版是三千弱水，那么我只是取了一瓢清水，喝进肺腑里。

如果说出版是万种柔情，那么我只是得了一眸温存，依偎它身旁。

剪不断的编辑情愫，道不尽的出版热爱，一个甲子，承载着光荣与梦想。

刹那间，我突然觉得，幸福宛如安谧的静夜，一杯绿茶，香溢斗室；一缕墨香，澄澈思绪。今后，我将拈花微笑，奋然前行……

是的，我记得，我说过，尘世充满浮华，幸有书籍可读。

（作者系人民交通出版社综合管理部副主任）

作者与朋友

——谨以此文纪念张润虎先生

卢仲贤

2012年8月5日下午我正在首都机场准备登机前往长沙时，接到贵州交通职业技术学院打来的电话，告知了前一天张润虎先生意外病逝的噩耗。

悲痛之余，张先生的音容笑貌常常浮现在我的眼前，如果不出此意外，人民交通出版社成立60周年庆典活动中，张先生可以当之无愧地成为我社评选的60位有杰出贡献作者之一。

我与张先生初次见面是在1986年的春节期间。那时张先生与广西交通学校吴应辉先生在共同编写中专教材《桥涵水力水文》，我是这本书的责任编辑，我那时从事编辑工作还不到半年。我们相约在贵阳见面谈教材的定稿事宜。

张先生平易近人、风趣幽默的言谈，一丝不苟、求真务实的治学态度，以及丰富的理论与实践相互支撑的专业知识，从第一次见面起就深深地感染了我，深深地吸引了我。在随后的二十多年里，我们俩人成为了忘年交。

他与吴先生共同编写的《桥涵水力水文》一书在交稿时，让我折服了：400字的方格稿纸内，每一个字都是正楷手写，每一个标点符号都规范到位，上下脚标或外文符号的大小写或正斜体都一一用铅笔标注出来。特别是插图，线条、比例，以及插图在文中的位置，几乎无可挑剔。其稿面质量至今无人出其右，可以说稿面本身就是佳作。

张润虎先生，天津人，早年求学于唐山铁道学院，毕业时因出身问题被分配到贵州省交通勘察设计院测量队，长期从事野外测量工作，文革后调到贵州交通学校担任桥涵水文教学工作。丰富的实践经验让他主讲的桥涵水力水文课堂始终充满着欢笑。

张先生长期担任交通教指委路桥工程委员会负责教材编写和出版工作的副主任一职，但张先生在我社仅仅编写出版过一本教材，不是他没有能力编写，而是他主动把编写机会让给了年轻教师，让给了其他院校，公正无私的办事风格使他赢得了全国各地交通院校师生的广泛尊重。

2000年，多数中专学校还没有升为高职学院，我感觉到中专学校兴办高等职业教育已是大势所趋，早日组织编写高职教材可以为我社抢占教材出版市场的先机。但阻力重重，来自各方面的反对声不断。

张润虎先生在仔细研究分析了中专教育与高职教育发展现状与未来后，不顾压力，毅然决然地站在了我一边，张先生用其在业内获得的广泛尊重和影响力，2001年与我一道成功地组织了路桥专业高职高专教材的编写与出版。

这套高职教材的出版填补了国内高职教材的空白，极大推动了高职教育与教学的发展，也为我社带来了数千万元的经济效益，但张先生从未表示过索要一分钱的利益，令人不得不钦佩其伟大的人格魅力。

张先生2002年从贵州交通学校副校长的岗位和交通教指委路桥专业委员会副主任岗位上退休，退休后依然笔耕不辍，继续推动高职教学与教材建设的发展，完善和丰富了交通版高职高专教材编写出版工作。同时，张先生自筹资金创办了贵阳云岩交通书店，在贵州省内外积极推广营销交通版各类图书和教材，他以优质的服务和诚信获得贵州省内外客户的尊重，他经营书店短短三年就被评为人民交通出版社优秀经销商。

对人民交通出版社而言，张先生是优秀作者、是优秀经销商；对我而言，张先生是长辈、是恩师，更是朋友。张先生对待工作认真负责的态度，对待朋友真诚朴实的精神，始终鞭策着我，鼓舞着我。

在人民交通出版社迎来建社60周年之际，张润虎先生却悄然离我们远去了，没有留下任何只言片语，没有留下任何遗憾。

他是一位令人尊敬的长者！

他是一位知识渊博的作者！

他是一位真正的朋友！

（作者系人民交通出版社副总编辑兼公路职业教育出版中心主任）

我的“奥运舞台”

夏　迎

出版社不仅是我的工作单位，还是我的“奥运舞台”。我的青春如同奔流的江河，一去不回，但在出版社所搭建的“奥运舞台”上，那些挥洒过汗水和激情的青春时光，依旧能在我的记忆里熠熠生辉。

我是个体育迷，自少年时代就喜欢在体育项目上达到一种歇斯底里的状态，比如在奔跑的时候，就有种飞翔的感觉，忘我且投入。可是我生活的那个豫南小县城，甚至没有一条像样的跑道。而我的贫困的家庭，也不能给我提供足篮排乒羽网任何一种项目的器材，更别说参加什么运动会了。2003年来出版社工作以后，当年就参加了部直属机关运动会的登山比赛并获团体亚军，还在部直属机关第二届羽毛球比赛中担任边裁，此后的近9年，参加过部里组织的各类运动会和两届足球联赛，甚至参加了中央国家机关运动会。这些“部级”、“国家级”运动会让我近距离领略到了以前只在电视里才能看到的器材、场馆以及比赛场景。我一直都怀着深深的感激，感激出版社为我搭建了一个美妙的“奥运舞台”，让我增长见识，领略体育的力与美，让我有了燃烧激情的机会。

不过说来惭愧，从小时候练田径到中学时候打篮球和乒乓球，以及后来踢足球、打羽毛球和网球、游泳、滑冰等，在这么多项运动中，给我带来“运动生涯最高荣誉”以及能有机会参加“国家级”比赛的项目竟然是跳绳！

在中国，体育运动尤其是竞技项目是属于大城市的。竞技体育项目背后还有体育教育资源在乡镇和大城市之间的巨大落差。当然，落差不仅仅是体育教育资源。而出版社为我在最大限度上弥补了这种落差，给我搭建了一个充分展示自己的平台。

小学3年级初学跳绳，母亲找了根麻绳教我，麻绳很像她的麻花辫子。麻绳抡起来确实很过瘾，速度稳定，抽在身上还不疼，具备很强的观赏性，用于初学者真是太合适了。不过唯一的缺憾是绳子中部会被磨细直至断掉。后来就采用捆扎物品的胶丝绳，绕几圈在手上，抡起来呼呼有声，非常有质感。我还曾尝试过自己搓的棉绳和捡来的电线，但效果都不理想。

二十三年后的2010年，我的“兵器库”中收藏有各种材质的跳绳：各种塑料的，牛筋的，钢绞线的，连珠的，还有变截面的龙花竞技跳绳。就连手柄都分带增重功能的，钢轴承的，还有能够记录和计算卡路里、时间、个数以及换算英制单位功能的智能手柄。跟小时候的麻绳相比，简直就是AK47之于火铳。但小时候，我的家庭只能买得起一根跳绳作为体育器材，但是我把跳绳练到了极致。小学三年级的一次大课间，和同学们玩儿跳绳。规则是每人跳一回，坏了就换人，依次轮着来，谁先到1000个谁就算赢。经过锤子剪子布的抉择，我幸运地先来 。我抡起麻绳开跳，一直连续跳到上课铃响，没有给其他同学任何机会。那年大约是1987年，大概也是在那一年，参加班级的跳绳比赛取得了冠军，成绩是1分钟180次。

我一度认为在跳绳这个项目上，我是个神人。我曾经跟朋友这么吹嘘："欣赏我的跳绳，不是用眼睛，要用耳朵倾听，用心灵感受。最重要的是感受意境！在一个寂静无人的室内体育馆内，慵懒的阳光从四周的窗子照射进来。我旁若无人在站在木地板上，你坐在旁边的垫子上。我开始了，脚步轻盈如蜻蜓点水，你能听见两种声音的交响：绳子擦木地板的啾啾声，绳子摩擦空气的呜呜声。体育馆内安静而沉闷的空气顿时充满了节奏和韵律，此时绳子变成了小提琴的琴弦，而我的身体化作了琴弓。尽情欣赏吧，这美妙的音乐…"我从小到大，有两个项目可以笑傲江湖：背诗词、跳绳。我能把诗词背得像跳绳，还能把绳子跳得像背诗词。行走江湖，靠的就是能文能武，与众不同。在那个乒羽网足篮排全无条件的时代，跳绳可以让我以全免费不求人的姿态肆意挥洒。

2010年是个好年头，就在这一年，我毫无悬念地夺取了出版社跳绳预选赛的头名，在交通运输部直属机关的跳绳比赛中获得一个亚军和一个季军（我还参加了集体项目，对于两个单项，没有太拼），然后在出版社组织的跳绳比赛中包揽所参加各单项的冠军。紧接着交通运输部在交干院组织集训，备战五年一届的第二届中央国家机关运动会的跳绳比赛。虽然比赛铩羽而归，但毕竟是参加了"国家级"的比赛，而且增长见识。2010年的系列赛事，我获得的总奖金超过￥3000，另外获得一堆运动装备。

不过在那次"国家级"的比赛中，我的神人光环彻底自我破碎。在民族大学的体育馆里，我见识了真正的神人。比赛检录的时候，有个健硕的家伙在高谈阔论，从跳绳的装备谈到空气动力学，然后他说，他的目标锁定在亚军。我就有点纳闷，这么高傲自信的人，为何只锁定亚军，难道还有狠人？没想到比赛场上，这位更狠的家伙跟我一组。先描述一下这个人的外形：五短身材，壮硕无比，身着小白紧身背心，肌肉发达，腹部六块轮廓清晰。绳子也是代表器材界的最高水准——龙花竞技跳绳。再说跳绳的速度吧，我的30秒单摇的历史最好成绩是135次，以这个令人崩溃的高速跳绳，最多维持40秒。而那位狠人，以30秒135次的速度维持了3分钟，最终成绩锁定在810次，简直就是一台机器！

先不谈这位神人，就说当时赛场旁边的空地上，有一位与比赛无关的跳绳爱好者，在玩儿花样跳绳。他的装备和动作再一次刷新了我的想象，而他说在他们跳绳协会，他的水平仅仅中等。他说这话的时候，我想起了《天龙八部》里面的那个扫地僧。比赛结束之后，我上网搜集了大量资料，包括视频。有河南洛阳的河洛跳绳队，上海花样跳绳队，一代绳王胡平生的龙花绝技，还有欧美一些跳绳高手无止尽的技术和体能展示。真是太眩了，这才体会到山外有山和博大精深两个词的含义。

其实那些"运动生涯最高荣誉"、"国家级"等说法，终究是笑谈，最应该感谢出版社搭建的"奥运舞台"，借跳绳这项运动，让我在青春已经转身离去的时候，终于真正歇斯底里了一把。出版社搭建的舞台岂止是"奥运舞台"这一个？只要你拥有足够的毅力，付出足够的汗水，这些舞台必定能让你展示出你最眩的那一面。

（作者系人民交通出版社公路职业教育出版中心策划编辑）

西行漫步

——重忆边疆万里行

闵　杰

时值社60周年大庆之际，回想自己走过的不经历风雨难见彩虹的岁月，也有如诗如歌的难忘故事，时至今日，感动常在。“甲子盛举，襄出真彩！舒展筋骨，沏杯清茶，展开记忆的空间，轻敲起面前的键盘……”

那是1992年，当时火车运力严重不足，也没有今天通达的路网和汽运，致使《新编汽车驾驶员读本》一书不能按期运达乌鲁木齐。盛大的首发式改期会很麻烦，为了完成此项任务，社领导决定自行送书进疆。当时，我已经不是专职驾驶员了，领导让我去是对我的信任，我也认为自己很有必要进行野外长途驾驶的历练。我们一行六人，驾驶员是穆瑞林、黄寿康、张金利和我，杨柏力是当时行管处副处长作为带车领导，冀光忠是随车维修保障人员。

7月13日凌晨，我们驾驶两台五吨日产三菱卡车出发，历时23天，沿途经过4省（河北、河南、陕西、甘肃）、2个自治区（宁夏、新疆），在当时没有一条完整高速公路的情况下，行程9500公里，于8月1日早晨安全返回社里。

7月13日我们从社里出发经过十多个小时到达郑州，一路顺利。

次日，从郑州出发时，天空乌云密布，到洛阳后下起暴雨，天阴得厉害，视线不清加上路窄道滑，只见路上发生撞车的、原地翻车的、撞树陷泥里的比比皆是。由于拉的是书，而且车载吨位又较大，因此，一要降低车速，提前处理情况；二要慢打方向，遇情况后要沉着冷静不要急刹车。宁可慢，也不能不顾安全抢时间赶路，否则一旦发生事故，完不成任务还有可能造成重大损失。虽然当天只走了200多公里，但为了图书完好和安全起见，赶紧找个旅店。按今天的话说：还是踏踏实实洗洗睡吧！

宁夏、甘肃路段最惬意，体会到在山脊上行车那种云中漫步的快感，欣赏着五彩斑斓的梯田，耳畔响起，“不知是谁在唱歌温暖了寂寞，白云悠悠蓝天依旧汗水从额头上流下，在那一片苍茫中，看见远方村庄璀璨的炊烟。是谁听着歌遗忘了寂寞，慢慢长路芬芳岁月曾流过，一路的方向照耀我心上，遥远的边疆随我去远方”。在翻越六盘山时，是盘了一圈又一弯，终于站在山顶庄严肃穆的红军纪念塔下，我们畅想：开车上来都这么费劲，当年红军战士在没路的情况下翻越六盘山该有多难啊，被称太有才的“诗人”杨柏力吟诵起毛主席他老人家那首《清平乐·六盘山》著名诗句：“天高云淡，望断南飞雁，不到长城非好汉，屈指行程二万；六盘山上高峰，红旗漫卷西风，今日长缨在手，何时缚住苍龙？”俯视六盘山的绿色植被和野花盛开的美景，大有“六盘”归来不看门头沟百花山的感觉。在山下穿着短袖短裤都嫌热的盛夏，充分感到山顶上高处不胜寒的“得瑟”。我当时只想，今日方向盘在手，何日能到乌鲁木齐尝尝羊肉串的芳香啊！

河西走廊的尾段，我们进入了一个叫星星峡的路段，100多公里的路段上，由于新路没修好，老路是沙石和泥土路面，又值连日降雨，道路坑洼泥泞，停在峡谷一片又一片的水坑旁，听着巨大乌鸦寻食的叫声，看着其他陷在泥里的车，我们在想，车载这么重怎么过去啊，歇会抽袋烟，观察观察当地车是怎么过的。我们得到经验是，两车拉开距离，前车过去了，后车再过去，即使一辆车陷进去了，另一车还可救援，哪里有水坑就从哪里过的策略。因为峡谷中的路是沙石路，在水坑里的路经过碾压后泥没了，要比水坑外有泥的路坚硬些，车不至于陷到泥里面，我们有时是人先从水坑趟过去，试试水坑下的路面是否坚实。就这样用了近10个小时才走出峡谷。回头望着山头上战争年代敌伪留下的碉堡时，我们长舒了一口气，可算过来了。这里为什么叫星星峡呢？我想大概是因为天上的星星到这儿也难过去的缘故吧！

进入新疆地界后，当时新疆路段刚好是武警交通部队重修过，路上车辆也不多，那也是一条神奇的天路，在高原超强的阳光照耀下，一条银带鱼般的路通向天边，不见青青的牧场，只见寸草不生的茫茫戈壁。眼睛被晃得直发黑，心想有副墨镜就好了。在一马平川的大道上我们凭着车况好可劲狂奔着，但心里总感觉不踏实啊！怎么经常发现对面路上行驶的汽车没有风挡玻璃啊？心想不会是司机嫌热把风挡玻璃给卸了吧？要是碰到下雨还不往里狂灌啊？到了火焰山和吐鲁番的路段上才恍然大悟，看到火焰山是紫红的，土是红的，真如同《西游记》中所描写的那样啊。原来火焰山—吐鲁番地处海平面下50多米的盆地，这里夏季闷热，当天早上6点钟在吐鲁番地面温度已达47摄氏度。当年的沥青也不是今天的改性沥青，柏油路上的沥青在这种温度下都被软化出油了，掺沙子已经没用了，养路工不断向公路上扬散石子以加强路面的坚硬性和防滑性，汽车行驶在这样的公路上，由于前车轮子上卷起的石子打在行驶的后车玻璃上或者在两车相会时，轮胎带起的石子打在玻璃上极易造成破碎的，因此要放慢车速和跟车距离。在会车时，一定要紧靠道路右侧减速避让对面来车。看着远处山坡上的小屋四面都是窟窿的，经询问得知，那是用于晾晒葡萄干的房子，我们给它起个名字叫风窑。将一串串葡萄挂到风窑里的架子上，利用这里酷热风大的特点，十几天后，鲜葡萄就变成易于保存运输的葡萄干了，心想当地人真聪明，利用风能、热能制造出紫外线大烤箱，绝对是杀菌、节能减排的典范，应该申请专利或申报文化遗产什么的。可当时运输的不畅通，内地人要想吃点新疆特产，真难！

刚出吐鲁番市区我们遇上风口了，也不知叫啥风口，刮起风来就是十级八级的，今天让我们遇上了，没见到抱着火炉吃西瓜却遇见大漠上风吹石头跑的情景，后来，曾发生过火车都在此路段被吹出轨了的事故。当时的风力绝不低于10级。盖书的帆布被风吹撕了，当我们要下车去整理时，三个人愣是没能把对着风口的那扇车门推开。从背对风的车门下去后，人站在地下如果你不抓着车帮就别想站稳，石子打在身上还真疼。最可乐的是，张金利戴着墨镜刚一下车，眼镜就被风吹到地下，还没看清掉在什么地方就已没了踪迹。这么大的风，车在道路上很难驾驶，车被吹得摇摆不定，司机双手使劲把住方向盘，就这样，我们用了四个多小时才走出了这90公里的风区。当驶出风口后到了达坂城地界，风速明显减弱了，飞石不见了，车身也不响了，这时大家有了劫后余生的兴奋。歇会吧，能否看到“达坂城姑娘辫子长啊，两个眼睛真漂亮啊”。因着急赶路，漂亮姑娘没看到，倒是驾驶此路段的司机倍感胳膊酸疼。揉着被石子打得生疼的部位，现在才明白这里为什么寸草不生了，就算有水，在这样大的风下，植物不是被连根拔起，也会被石子打光枝叶。要说这铁扇公主的妖风可够邪的啊！有个美丽传说，谁遇到这样的大风就是铁扇公主看上你们之中的一个人了，师傅们调侃说：“不会看上你小子了吧？”我可没那么大的胆子敢娶啊！

经过几天高原上驾驶，其他三位师傅都出现高原反应，扶着方向盘的左胳膊被紫外线灼伤爆皮起泡，奇痒无比，没有高原驾车的经验。当时也没有小护士防晒霜和准备防护用品，太阳一出来只好把左胳膊裹上毛巾继续开车。奇怪啊，紫外线对我怎就不起作用呢？一点事都没有，当时我最小只有28岁，他们都是年长我十多岁的师傅，记得我当时右手拍着左胳膊得意调侃他们几位师傅说，“瞧咱当兵的人，那是经过摸爬滚打的，这皮还真抗晒啊，哈哈”，结结实实地戏弄了他们一把，老气人了。他们当时的表情就是，瞪着眼、憋着气真想揍我一顿才解气啊！

18日下午，长途跋涉4700公里后，我们安全抵达乌鲁木齐市新疆发行站，按时完成送书任务。19日的图书首发式上，新疆交通厅维族于厅长对我社此次的送书行动给予了高度赞扬：“交通出版社送书进疆是一次支援边疆建设的具体行动，是支持新疆发展科技事业、开放搞活发展经济的最好贡献。没有你们千里迢迢送书就没有今天的首发式。谢谢你们！”水电出版社发行部主任在座谈会上讲：“他非常佩服交通社领导作出开车送书到新疆决定的胆识和气魄，以及驾驶员优良的技术和顽强的意志，我们水电出版社今后争取向河北省境内送书。”从他们的赞誉声中，我们感到送书任务的圆满完成，为交通出版社赢得了声誉，提高了业界知名度，那可不是吹出来的啊！

虽然此次新疆之行在客观上受到天时、地利的影响，但之所以能够保质保量地完成，还是主观上每个人战胜自己和团结协作的结果。司机班长穆瑞林同志患有胆囊炎、腰间盘突出等病症，在途中淋巴发炎后也一声不吭，愣是用药物加意志战胜了病痛。黄寿康更是老当益壮不减当年，虽然已经54岁了，开起车来还是不服老，每遇到危险路段都主动要求驾驶，不开时还要为我这样的年轻司机把关。张金利到新疆后就中暑发烧，返程时才有些好转，仍坚持驾驶。带车领导杨柏力虽然不开车，可在车上一坐就十几个钟头，尽量把好座位让给司机休息，自己在发动机烘烤的座位忍受着，在路上“上火”牙痛吃不下食物。有了这种忘我的精神，就没有什么克服不了的困难！我也在此次行程中得到很多宝贵的经验和技能，“驾车靠的不是勇猛和眼花缭乱的打方向盘，要像画家在纸上画出优美的弧线那样，通过速度控制、合理避让等，使车在道路上也能画出优美的线条”，师傅们的这些话至今仿佛还在耳畔，也是我一直追求驾驶的最高境界啊！回社后，看到职工们吃到我们拉回的哈密瓜、哈密杏、葡萄干等新疆特产，感觉这趟辛苦算得了什么！

那次边疆万里行距今已整整20年了，但回想起来仍历历在目。重忆也平添了许多新的感慨和不同的意境。人往往是经历艰苦的事才难忘，只知道白岩松有本书，名叫《“痛”并快乐着》，但没看过内容。今年是建社六十周年，社的发展规模和产值与二十年前不可同日而语了。火车提速了，国家高速公路网四通八达使汽运更快了，我社图书可以更加快捷地送到读者手中了。昨天的我曾经是莽懵少年，也有过彷徨和内疚，今天职业生涯却走过了三分之二，明天的我尚能赶上建社70周年。昨天所有的回忆已变成遥远的过去。我是如此平凡却又如此幸运，让我说声谢谢你——人民交通出版社，让我用生命最嘹亮的歌声陪伴你。

用词作家闫肃《昨天、今天、明天》这首诗，共勉：

跑过去的是昨天，奔过来的是明天。正在走着的是今天。

不要忘记昨天，认真想想明天，好好把握今天。

但愿到了明天，今天已成昨天，你依然在我身边。

啊！春梦无痕，秋夜缠绵，岁月如歌，似水流年。

但愿到了明天，今天已成昨天，我依然在你心间。

（作者系人民交通出版社多元文化公司经理）

沧桑六十载　桃李遍九州

赵刚林

沧桑六十载奠基人民交通，桃李遍九州见证知识中国。

在党的十八大召开之际，人民交通出版社迎来了她60周岁的生日。60年风雨兼程，上下一心，团结拼搏，开拓创新；60年负笈前行，一代又一代领导人用青春、梦想、智慧、汗水抒写了追梦的华章，创造了令人瞩目的荣光。这是我们交通人的骄傲和自豪，更是我们各经销商的骄傲和自豪。在此，我们世纪冠群(北京)文化传播有限公司全体工作人员热烈祝贺人民交通出版社诞辰60周年！

1988年，我们成为了人民交通出版社的经销商。时至今日，我们一起走过了24个春秋，风风雨雨，在出版社的各个部门的大力支持下，我们从一年销售只有几万元的小公司到现在年销售突破千万元的大公司，我们从一个仅几十平方米的简陋库房发展到几千平方米的正规库房；我们从纯手工操作发展到全科技化操作；我们从几个员工发展到六十多员工；是什么力量支撑我们跨过百般艰辛一步步迈向成功？是谁给了我们这么多的机遇？是谁给了我们这么大的挑战？是出版社，是人民交通出版社。我们在资金周转非常困难时期，是出版社给了我们赊销政策，我们才有底气大胆地去发展市场，开拓市场。

记得那一年冬天，那一天，大雪纷飞，风刺骨的寒冷，为了给一个客户发几个快件，需要到北京站去办理托运。那时我们还没有自己的运输工具，大多都是租车，那天的雪特别的大，在寒风中我瑟瑟发抖，等了将近一个小时也没打到车。在那样的大雪天气，路上出租车也见不到几辆。那时候出版社在和平里一个三层老楼里，一共3件书，我记得很清楚，是出版社郭平老师用自行车一边挂一包，上面放1包，我在后面扶，郭平老师在前面推，在漫天风雪中我们两个人踏着齐脚踝的大雪，蹒跚地一步一步艰难前进，一起把我那3件书送到了和平里104路车站。从出版社那栋老楼到104路车站也只有五六百米的距离，由于路很滑，雪很大，我们走了将近20分钟才到车站，郭平老师一直等来车了，帮我把这3件书递到车上才拍拍身上的积雪向我招招手转身离去，那一次我至今难忘。这就是交通人的朴实、对客户的真诚。那一刻，我感受到了寒冷冬日中无限的温暖，20年过去了，仿佛就在昨天一样。

在我国市场经济的快速发展中，图书市场也迎来了“千帆竞发、百舸争流”的竞争局面，其中有机遇也有挑战、有利益也有风险。为了抓住机遇，出版社采取了很多有利于经销商开拓市场的举措，并让出更多的利润来激励我们，给我们信心和希望。出版社各项服务措施也逐步走向规范化，尤其是库房环境得到了很大改善，以前那非常拥挤的大屯库房给取书带来了极大的不便，从场地到配书到归类到装车各个环节非常的受限，现在的宽敞明亮的储运中心就太不一样了，各道程序有条有理，网上报单提高了客户提货的效率，给客户赢得了宝贵的时间，在第一时间内能查到库存状况，客户想要了解的备货情况、替代情况等都一目了然，这无形当中既给各经销商赢得了时间又让终端客户增加对经销商的信任和支持。不过也有一些不尽如人意的地方，希望进一步进行调整和改动，如在报单系统中有这样的提示：“码洋超过 7 万，请分多个订单提交。”我们也曾经和别的经销商交流了意见，也觉得此条限制有不妥之处，如果我们将一家客户的订单想一次性报完，拿到一张完整的进货清单会达到账目清楚，也更有利于清点、打包、发货。但由于这一条的限制，就会让我们在工作中增加一些不必要的繁琐程序。其他出版社目前没有这一条规定。单张进货单在几十万元那也是常有的事，尤其是高教出版社我们单张二三百万元的进货单每年都有好几笔。还有打开某种书名后会出现多条印次的信息排列在一起，有的库存为0，有的库存为5本、10本，这样同书名太多就达不到一目了然的效果，甚至在填订数时会产生一些误差。另外社里虽然每年签的合同里在销售上限制区域销售和折扣限制，但还是没有真正落到实处，为了维护市场的良性循环和均衡发展，我觉得不能跨区域销售和低折扣销售是个大问题，为了更好的避免这些恶性竞争，必须进行严格控制，目前已有个别经销商低于进货折扣4个点进行跨区域销售，这严重扰乱了市场的秩序和稳定。这个问题在其他出版社采取的有效控制办法是：凡是外阜经销商一律采取发货措施，一律对口发货，不允许自提或代发至非经销商所在的城市，显而易见，凡是自提或代发的就属跨区域销售行为；折扣规定，凡是对各图书公司或书店属批发性质的，一律不得低于进货折扣，凡是对终端客户发货的在进货折扣基础上应高于三到五个百分点发货，如遇不按规定折扣进行销售的属恶性竞争行为；社里要设置举报电话，一旦举报就要追究查实，一旦查实将降低该经销商的百分点的奖励，严重的将取消经销商资格。还有一些细节上的问题就不说了，任何事情不会做得那么十全十美，出版社能精心策划，为我们打造这样的一个平台，我们更要不断改革、发展、创新理念和思想。适应复杂多变的市场形势，为客户提供全优化的服务。进一步赢得客户的信任和支持，争取更大的市场占有率。

回想我们共同走过的岁月，有多少往事值得回忆，有多少往事让人留恋。在出版社的真情鼓舞下，我公司业务步步高升，没有交通社就没有我们世纪冠群，没有交通社的大力支持更不会有世纪冠群今天的成就。看着那么多饱含汗水和辛酸的荣誉证书，我们所有员工都感到自豪，感到骄傲，那一张张荣誉是我们的共同努力，有我们的辛劳和智慧，是出版社给了我们拼搏向上的动力。我们冠群人和交通人紧密相连！借此机会我们冠群人向交通人致以衷心的感谢和问候，祝福交通社繁荣昌盛，祝福交通人幸福安康！交通出版社风风雨雨走过了六十载，历经了沧桑，创造了辉煌。值此交通出版社60岁诞辰之际，我要献上我由衷的赞美和衷心的祝福，祝愿交通社的明天更加美好！

永远的中国！永远的交通！我为你自豪！

（作者系北京世纪冠群文化传播有限公司总经理）

专业·执著·奋进

——祝贺人民交通出版社成立60周年

胡学平

当我们行进在一望无垠的原野或者崎岖坎坷的山野丛林，当我们在繁华都市的十字路口，我们时常会翻阅随身携带的地图，以便我们能以最佳路线顺利穿行而不至于迷失方向。日常生活中的芸芸众生也许不会想起该地图的出版者，而作为从事图书发行行业的业内人则更为关注，这其中就有人民交通出版社。

谈起人民交通出版社，我时常会充满着感情。我从事图书发行行业二十多年，几乎无时无刻都在与科技类出版社打交道。就我所知而言，这二十年来，随着国内出版发行行业的大开放，许多科技类出版社在激烈的市场竞争氛围下悄然转身，跨类别出版图书的越来越多，大多数科技出版社已成为涵盖各类图书的综合出版社。而在此背景下，一直坚持走专业特色、出精品图书的出版社已为数不多。人民交通出版社一直以来则坚持“立足交通、服务交通、服务社会”为宗旨，硬是在专业图书领域闯出了一片天地。据不完全统计：该社年销售图书码洋近5亿元，在众多科技类出版社的排名中稳居前列。

《实用交通中国地图册》、《中国公路营运里程图集》、《中国高速公路及城乡公路地图全集》、《安徽省公路里程地图册》、《道路危险货物运输从业人员培训教材》以及各类公路、水运、建筑类教材，这一本本精品图书对我来说再熟悉不过了。

交通出版社的发行渠道为新华书店系统和交通书店网点。新华书店走向市场的步子要晚于交通书店网点。为扶持新华书店系统，社里在发货折扣、到货速度、回款周期等各方面给予了我们大力支持。记得五年前，我们争取到一家单位订购《道路危险货物运输从业人员培训教材》1000册，由于客户压价，同时对到货速度要求很苛刻，在保证货款安全的前提下，我们向分管安徽业务的闵杰作出降低折扣及直发客户单位的请求。在时任发行部领导刁哥（刁乃杰）的大力支持下，我们顺利地完成了销售任务。

近年来，随着网络书店的风起云涌，地面店经营难度越来越大。为了挖掘卖场潜力，我们加大了对全省分销门店的数据监控。为配合我们做好销售，张维青同志前后多次到我省各卖场进行现场调研，在传递出版信息的同时，根据各卖场进销数据分析，做出合理化配货建议，受到我省各级门店的好评。眼下，网络书店的折扣战愈演愈烈，给我们实体店的经营造成非常大的困扰，交通社的领导给了我们鼎力支持。今年5月份，我集团下属合肥公司参与安徽万通汽车专修学院教材招标，正是在王济平老师的大力支持下，合肥公司才顺利中标。

朋友相交贵在相知，在出版社有困难时，我们也同样给予支持。每年年底，在制定回款计划时，我们都优先考虑对人民交通出版社这样的品牌大社给予及时安排货款。

前不久，我带领我们马鞍山市的三家图书馆去北京采购，基于客户需求，我们没来交通社，但刘建荣同志依然热情地接待了我们一行，在此致以谢意。

友谊是合作的桥梁，相信我们在以后的岁月中会更加珍惜彼此友情，扩大合作空间，让更多更好的交通版图书遍布江淮大地。

六十载风雨出版路，六十载耕耘写华章。如今，在各大图书卖场，放眼望去：公路、桥梁、交通地图类图书都唯交通社独尊

潮平两岸阔，风正一帆悬。愿人民交通出版社的图书出版发行之路越走越宽。

（作者系安徽新华图书音像连锁有限公司业务经理）

我与交通出版社这18年

肖 欣

1994年，新华书店重庆发行所成立图书批销中心，我也从发行所其他部门调任图书批销中心副经理一职并主管业务工作。我干的事情主要就是与全国各地的出版社联系科技图书登上《科技新书目》的征订和本中心的图书、教材进货。从此，我与人民交通出版社就结下了不解之缘。与交通出版社许多同仁建立了深厚的友谊。

90年代初，书店与出版社之间订单、查询回复、结算书款等必须依靠信函往来。没有传真，我们整个中心只有一部可以打长途的电话（需要拨区号）。因此，双方业务联系只有书信之缘，对出版社的印象主要取决于出版社这个业务员的那一手钢笔字。每一届的北京订货会就是我与出版社代表唯一的交流机会。但那几年北京订货会的光景可真是万人涌动，购销两旺。会期就几天，几百家出版社的书目都得连夜处理。因此，除了抓紧填写订单就是只能与出版社业务员匆忙见上一面，握手寒暄而已。由于属于新华书店系统，只要订货，出版社都会及时发书的，大家都是国有单位，因此并不因为发不发书、收不收得到款而主动取悦对方。现在回想起在新华的日子，我与交通出版社的关系还真算得上是君子之交。

人民交通出版社对于我的帮助还是从我自己开办书店开始。1999年，本人在重庆沙坪坝区开办了一家真正属于自己的科技图书零售门市。面积约1000平方米左右。在这以前，我本人与李贵新先生的关系还属于电话无数次，握手三五回，尚未同过桌的神交。因此，第一次以个人名义向交通出版社要书，其心情的确是忐忑不安的。哪想没过几天，李贵新来电话，当询问了书店的情况后，针对重庆市场情况和我们书店的地理位置，热情主动地帮我重新修改订单。不久，第一批人民交通出版社的图书以专柜的形式出现在重庆第一家民营零售书店里。2000年夏，李贵新和李清专程来书店走访，了解交通社图书的销售情况，对我们的门市零售业务提出了许多指导意见，实现了新书主发。此后多年，出版社每年两次派人走访几乎已成常规。张新、张晓东、刘建荣等都成了我们书店的坐上宾客。他们每一次来店其实都很忙，总要在本版图书专柜前亲自动手整理，同时还把全国交通版图书零售信息和经验及时介绍给我们，热情指导我们营业员如何上架，介绍交通出版社的新书、重点书以及教材的出版变更情况。交通人对待工作的敬业精神实在令我们深感钦佩。

人生最大的财富莫过于别人对你的信任。回想当年自己创业之初，面对的困难实在难以想象。交通出版社在我最难的时候没有提出任何附加条件地帮助了我，正犹如雪中送炭。其感激之心至今难以忘怀。也正因为当年交通出版社的支持和信任，造就了我们书店今天的事业。奠定了我们书店与人民交通出版社长期友好合作的基础。

2008年，我们书店从图书零售转向高校教材经营后，我们与人民交通出版社的紧密合作又进入了一个崭新的阶段。承蒙出版社的信任，2010年我们被授予了可以在交通出版社订货网上直接下单的资格。那一年，出版社发行部刁乃杰、张大勇两位主任分别来书店考察，在对我们书店给予了较高评价的同时也为我们指明了未来合作的方向。2011年我们书店被人民交通出版社赋予了重庆地区交通版学历教材的地区代理资格。我们与交通社从普通的供需业务关系上升到共同开拓地区市场的同盟关系。我想，一个出版社能把一家普通的民营书店当成自己人并且把某一地区的市场代理权交到这家民营书店手中，足见交通出版社的领导们具有多么大的胆识和气魄。因此，每当想起出版社领导和同仁们对我们的信任和希望，本人深感责任重大，不得半分懈怠，唯有勤奋劳作方能回报出版社这些年来对我的支持和帮助。

这些年来，眼看着人民交通出版社一步一步的发展，事业如日中天。我相信这是人民交通出版社几十年来不断对全国图书市场的辛勤耕耘和良好人脉培育的结果，更是人民交通出版社集体智慧和集体创作的必然。我们这个山区小店也随着交通出版社事业的发展而发展。每当看到人民交通出版社茁壮成长，在业务上取得一个个新成绩的时候，我庆幸自己这一生依靠了一棵好大树，融入了一个好团队，交上了一批好朋友。

60年人生一花甲，但对于人民交通出版社，又是一个新的起点。愿交通人那胸怀宽广、待客厚道、坦诚务实的经营之道发扬光大，愿交通人那编撰严谨、崇尚科学、坚持真理的出版品格一如既往，愿人民交通出版社那不断创新、努力进取的精神在一代又一代的交通人手中薪火相传，愿人民交通出版社前景更加辉煌。

（作者系重庆沙坪书店有限责任公司总经理）

1952~2012

人民交通出版社成立60周年

优秀作者名单

社庆60周年优秀作者名单

（共80名）

马克俭　风懋润　孔七一　尹贻林　毛保华　王水平　王松根

王秉纲　王梦恕　邓学钧　冯　超　卢荣林　史佩栋　叶见曙

田克平　任福田　关宝树　刘士林　刘小明　刘自明　向中富

吕忠达　孙元桃　孙立军　孙家驷　戎　贤　朱　军　朱宏亮

许洪国　何挺继　张小虞　张劲泉　张国方　张喜刚　杨少伟

汪旭光　沈志云　沈金安　沙庆林　沙爱民　邱大洪　邵旭东

陈艾荣　陈宝春　陈惠发（Huifa Chen）（美）　周　伟　周建平

周林福　孟凡超　林元培　范　立　范立础　郑　健　郑健龙

郑颖人　金　桃　姚玲森　姚祖康　姜志青　胡美芬　赵　研

项海帆　徐　岳　徐维鈞　柴金义　殷国祥　真　虹　钱七虎

顾安邦　高大钊　高延龄　曹雪梅　梁乃兴　黄　卫　黄晓明

葛耀君　董石麟　鲍贤俊　廖朝华　霍　明

（按姓氏笔画排序）

其中：

两 院 院 士：沈志云

工程院院士：钱七虎　　王梦恕　　汪旭光

沙庆林　　项海帆　　董石麟

范立础　　郑颖人　　林元培

马克俭　　黄　卫

科学院院士：邱大洪

美 国 工 程 院 院 士：陈惠发（Huifa Chen）（美）

俄罗斯工程院外籍院士：霍　明

设 计 大 师：廖朝华　孟凡超

1952~2012

人民交通出版社成立60周年

金牌经销商名单

社庆60周年金牌经销商名单

（共60名）

序号	经销商名称	省 份
1	合肥新皖教育科技图书有限公司	安 徽
2	安徽新华图书音像连锁有限公司	安 徽
3	安徽省交通科技书店	安 徽
4	北京兴通交通书店	北 京
5	世纪冠群（北京）文化传播有限公司	北 京
6	北京市新华书店首都发行所有限公司	北 京
7	北京当当网信息技术有限公司	北 京
8	亚马逊卓越有限公司	北 京
9	北京中交运安文化传播有限公司	北 京
10	福州市鼓楼区交通水利书店	福 建
11	福建新华发行集团有限责任公司福州分公司	福 建

序号	经销商名称	省　份
12	兰州金科建图书发行有限公司	甘　肃
13	广东迎弘华文化传播有限公司	广　东
14	广州购书中心有限公司	广　东
15	广东新华发行集团股份有限公司	广　东
16	广州交通书店	广　东
17	广东文舟图书发行有限公司	广　东
18	南宁市桂路交通书店	广　西
19	南宁市新华书店有限责任公司	广　西
20	贵州盛世交通科技图书有限公司	贵　州
21	河北新洲交通图书有限公司	河　北
22	石家庄时代建筑科技书店	河　北
23	河南省交通书店	河　南
24	郑州市二七区中交盛世交通书店	河　南
25	河南省新华书店郑州市店	河　南
26	郑州金文书店	河　南
27	哈尔滨世纪千华图书有限责任公司	黑龙江
28	哈尔滨市道外区振江交通书店	黑龙江

序号	经销商名称	省份
29	武汉中交盛世图书有限公司	湖北
30	湖北省新华书店崇文图书公司	湖北
31	武汉市桥口区鑫磊交通科技书店	湖北
32	长沙市开福区交通书店	湖南
33	长春市路恒商贸有限公司	吉林
34	江苏凤凰出版传媒股份有限公司	江苏
35	南京交通书店	江苏
36	江西新华发行集团有限公司连锁经营分公司	江西
37	辽宁北方出版物配送有限公司	辽宁
38	山东交通学院交通书店	山东
39	山东省新华书店图书批销中心	山东
40	山东交通服务中心	山东
41	太原华拓文化发展有限公司	山西
42	太原市路瀚文博交通科技图书有限公司	山西
43	西安市新华书店	陕西
44	长安大学书店	陕西
45	西安四方建设技术开发有限公司	陕西

序号	经销商名称	省　份
46	上海建河文化传播有限公司	上　海
47	上海新华传媒连锁有限公司	上　海
48	上海杭嘉文化传播有限公司	上　海
49	成都振川交通文化有限公司	四　川
50	成都市交运图书文化传播有限公司	四　川
51	新华文轩出版传媒股份有限公司	四　川
52	乌鲁木齐福路交通图书发行有限公司	新　疆
53	昆明新知图书城有限责任公司	云　南
54	昆明交通书店	云　南
55	杭州钱江科技图书有限公司	浙　江
56	浙江省新华书店集团有限公司	浙　江
57	杭州兴科水利电力图书有限公司	浙　江
58	杭州交通书店	浙　江
59	重庆沙坪书店有限责任公司	重　庆
60	重庆新华传媒有限公司	重　庆

（排名不分先后）

1952~2012

人民交通出版社成立60周年

历年获奖

优秀出版物

第一届中国出版政府奖图书奖提名奖

第二届中国出版政府奖图书奖提名奖

第一届中华优秀出版物奖（图书奖）

第三届中华优秀出版物奖（提名奖）

三个一百原创图书出版工程

第一届

第二届

第三届

国家级普通高等教育精品教材

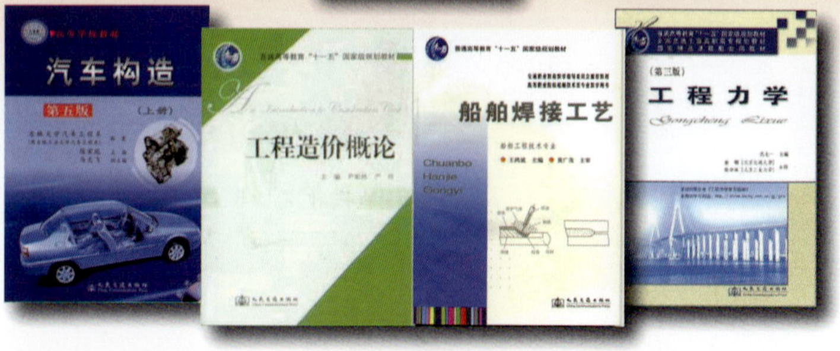

历届荣获全国优秀科技图书奖的部分图书

全国优秀科技图书

全国优秀科技图书二等奖

全国优秀科技图书二等奖

全国优秀科技图书二等奖

全国优秀科技图书二等奖

全国优秀科技图书三等奖

全国优秀科技图书二等奖

全国优秀科技图书三等奖

全国优秀科技图书三等奖

全国优秀科技图书三等奖

“十五”国家重点图书

◎汽车工程手册
◎现代机械工程丛书
◎公安部、建设部实施“畅通工程”科技丛书
◎斜拉桥建造技术
◎盾构隧道施工技术手册
◎现代桥梁技术丛书
◎21世纪结构工程领域重要著作书系
◎现代混凝土结构工程手册
◎桥梁结构工程师手册
◎桥梁工程手册
◎中国现代公路桥梁技术丛书

“十一五”国家重点图书

◎边坡与滑坡工程治理
◎拆除爆破理论与工程实例
◎桩基工程手册
◎桥梁设计工程师手册
◎公路旧桥检测评定与加固技术丛书（4册）
◎岩土工程师手册
◎隧道及城市地铁修建技术
◎非开挖工程学
◎建筑机电节能设计手册
◎道路交通安全技术丛书

◎中国路谱

◎中国交通运输改革开放30年丛书

◎同济大学现代桥梁技术丛书

◎现代城市交通丛书

◎桥涵设计手册

◎21世纪结构工程领域重要著作书系

◎公路工程地质手册

◎岩土工程支护技术

◎西部交通建设科技项目技术丛书

◎大型建筑钢结构建设丛书

入选“十二五”国家重点图书出版规划项目

◎汽车工程手册（第二版）

◎“穿越”——中国重大隧道及地下工程建设项目技术总结丛书

◎中国隧道及地下工程修建关键技术研究书系

◎交通工程手册（第二版）

◎汉英道路工程词典

◎公路桥梁施工系列手册

◎公路隧道设计手册

◎交通行业走出去战略丛书（英文版）

◎长江口深水航道治理工程创新与实践

◎交通运输建设科技丛书

◎山区公路网安全保障技术体系研究与示范工程技术丛书

◎现代钢桥

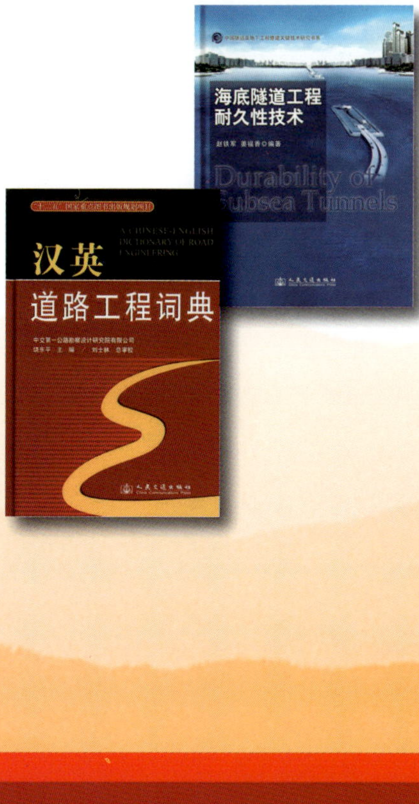

1952~2012

人民交通出版社成立60周年

离休老同志与退休人员名单

离休老同志名单

王庆华	王秀华	刘晶秋	宋杏芬	张善成	张德仁
李传英	李焕兴	杨静波	沙贵玉	金如霆	梁毓英
葛淑清	魏启宇				

（按姓氏笔画排序）

退休人员名单

丁香云	丁桂兰	马小奇	马云平	毛宝兴	王　成	王　虹	王　璇	王文生
王玉林	王应荣	王国祥	王建中	王淑琴	王筱华	卢绪妹	田凤华	石颖聪
乔文平	关继祥	刘　荣	刘晓方	刘素燕	刘德利	吕学英	孙立宁	孙起运
孙菊芬	孙善秋	孙慕薇	米增福	许乐光	许代娣	吴保宁	吴德心	宋晓丽
张　莹	张义华	张永娟	张玉秀	张玉栋	张式亮	张建设	张忠晔	张跃东
张新文	张德明	李文臣	李世华	李玉荣	李冰天	李京生	李健惠	李家本
李桂兰	杨　艳	杨文桐	杨华兰	杨金来	杨柏力	汪国玉	芦培德	苏红莲
邸振东	陈　竞	陈义杰	陈良淦	陈春林	周岫岩	周忠孝	庚万山	武崇理
罗金华	郑　建	姜　华	姜秀英	段伯潮	洪桂春	赵履榕	郝爱国	唐本立
唐学军	徐文学	徐桂英	涂　浩	秦淑珍	袁　毅	袁素桢	袁新明	郭　荣
高　琳	高荣珍	高静芳	高镇都	宿秀英	崔雪飞	康树元	梁秀青	阎育丹
黄寿康	彭小秋	董文芹	甄英惠	裘　琳	雷立珍	薛　民		

（按姓氏笔画排序）

1952~2012

人民交通出版社成立60周年

在职人员名单

在职人员名单

丁　耐	丁润铎	丁捷明	丁　遥	刁乃杰	于　佳	孔　伟	孔祥海	尤晓玮
尹　静	文　中	毛　鹏	王　丹	王文华	王文颖	王风力	王　宇	王宏图
王志浩	王京京	王叔强	王　炬	王金霞	王　勇	王　威	王济平	王秋红
王　莉	王振军	王惠茹	王　谦	王照军	王照娟	王慧坤	王　霞	邓晓磊
付宇斌	卢俊丽	卢　珊	田　川	白　峤	白　静	任　杰	任永民	任雪莲
关烈雁	刘小荣	刘正乐	刘永芬	刘永超	刘会智	刘　军	刘廷超	刘　君
刘　芹	刘佳岐	刘建荣	刘泽宇	刘　青	刘　倩	刘晓溪	刘　涛	刘继辉
刘高彤	刘彩云	刘敏嘉	刘　博	刘照华	孙国靖	孙树田	孙　玺	孙　莉
师　云	曲　乐	曲　强	朱丹宁	朱光文	朱伽林	江　好	汤　郁	闫吉维
闫　亮	佐文利	何　亮	吴有铭	吴　柏	吴燕伶	岑　瑜	张一梅	张大勇
张向东	张宇威	张成山	张　权	张　兵	张　凯	张征宇	张　放	张金利
张雨佳	张　昭	张　悦	张晓东	张　捷	张　敏	张　梅	张维青	张　强
张敬源	张　斌	张　晶	张　淼	张　新	张　蕊	李世耀	李　东	李　农
李　冰	李　刚	李秀平	李京辉	李京新	李建柱	李　洁	李　洁	李贵新

李爱霞	李　清	李　萍	李　喆	李　斌	李锡瑾	杜　琛	杨　川	杨国辉
杨　杰	杨艳萍	杨　捷	汪　萍	沈芳荣	芦忠贤	邵　江	闵　杰	陈志敏
陈健文	陈雪华	周　宇	周　阳	周　凯	周往莲	林宇峰	林春江	范　坤
郑文荣	郑　磊	郑蕉林	姚亚妮	姜占峰	施韵玥	胡永强	赵东方	赵钒宇
赵艳伶	赵瑞琴	赵　蓬	钟　伟	闻亚伦	倪雅馨	唐　盈	夏　迎	夏　韡
席少楠	徐　干	徐　杰	徐　菲	栾　韬	翁志新	袁　方	贾秀珍	郭　平
郭红蕊	郭思涛	郭　敏	钱　伟	钱悦良	钱素红	顾燏鲁	高　培	高翠平
崔红丽	崔　建	崔晓虹	崔楷鑫	康　宁	戚学林	曹仁磊	曹延鹏	曹俊杰
章　嵩	黄小娟	黄兴娜	黄景宇	富砚博	智景安	温　婧	温鹏飞	程红卫
葛文彦	董　方	董京礼	董　昊	蒋明耀	蒋新平	谢海龙	韩亚楠	韩　敏
韩　雪	韩新华	蒲晶境	詹小青	缪之湘	蔡　健	谭　鸿	潘艳霞	黎小东
穆瑞麟	薛晓丽	戴广超	戴启莲	戴瑞萍	戴慧莉	魏同敏		

（以上按姓氏笔画排序，含部分全资、控股及参股企业员工）